CONTENTS

ITIL 4 Fundación Preparación de Exámenes Nueva y Exclusiva	1
Examen de Práctica I	4
Respuestas y explicación	22
Examen de Práctica II	62
Respuestas y explicación	80
Examen de Práctica III	119
Respuestas y explicación	137
Examen de Práctica IV	186
Respuestas y explicación	204

ITIL 4 FUNDACIÓN PREPARACIÓN DE EXÁMENES NUEVA Y EXCLUSIVA

Pruebas de práctica exclusivas (últimas preguntas del examen oficial + explicación detallada y referencias)

ITIL 4 Foundation presenta un modelo operativo de extremo a extremo para la creación, entrega y mejora continua de productos y servicios habilitados mediante tecnología.

ITIL 4 Foundation está dirigido a cualquier persona que necesite comprender los conceptos clave de la tecnología y la entrega de servicios digitales, y que esté interesada en ayudar a su organización a adoptar la nueva cultura de gestión de servicios. Está diseñado para profesionales que están al inicio de su viaje con ITIL 4 o para personas que buscan actualizar sus conocimientos existentes de ITIL.

Formato del Examen:

- 40 preguntas
- Opción múltiple
- Se requieren 26 de 40 puntos para aprobar (65%)
- 60 minutos
- Examen cerrado (sin material de consulta).

Examen de Preparación Exclusivo para ITIL4 Foundation: Nuevo y Exclusivo Libro de Preparación para poner a prueba tus conocimientos y ayudarte a aprobar tu examen oficial de ITIL4 Foundation en el primer intento. Ahorra tiempo y dinero con este nuevo y exclusivo libro.

Entonces, si estás buscando poner a prueba tus conocimientos y practicar las preguntas reales del examen, estás en el lugar correcto.

Este nuevo libro contiene las últimas preguntas, explicaciones detalladas y exclusivas, además de referencias.

Nuestro libro abarca todos los temas incluidos en el examen oficial de ITIL4 Foundation.

Este nuevo libro está diseñado para aumentar tu confianza al presentar el examen real, ya que pondrás a prueba tus conocimientos y habilidades en todos los temas requeridos.

Para aprobar el examen oficial de ITIL4 Foundation en el primer intento, necesitas dedicar tiempo y esfuerzo a estas exclusivas preguntas del examen de ITIL4 Foundation que proporcionan información actualizada sobre todo el temario del examen.

El libro también te ayudará a entender:

- cómo operan las organizaciones modernas de tecnología y servicios digitales
- cómo los flujos de valor aumentan la velocidad y eficiencia
- cómo los principios culturales o de comportamiento guían el trabajo que beneficia a toda la organización
- cómo utilizar términos y conceptos comúnmente utilizados en la gestión de servicios.

EXAMEN DE PRÁCTICA I

1) ¿Cómo se utilizan los tiempos de resolución objetivo en la práctica de 'gestión de incidentes'?

A. Se acuerdan, documentan y comunican para ayudar a establecer las expectativas del usuario.

B. Se establecen, revisan y reportan para garantizar que los clientes estén satisfechos con el servicio.

C. Se inician, aprueban y gestionan para asegurar respuestas predecibles.

D. Se programan, evalúan y autorizan para reducir el riesgo de fallas en el servicio.

2) ¿Por qué algunas solicitudes de servicio deben cumplirse sin aprobaciones adicionales?

A. Para garantizar que los gastos se registren correctamente.

B. Para garantizar que se cumplan los requisitos de

seguridad de la información.

C. Para agilizar el flujo de cumplimiento.

D. Para establecer expectativas de tiempo de cumplimiento para el usuario.

3) ¿Qué es un conjunto de capacidades organizativas especializadas para ofrecer valor a los clientes en forma de servicios?

A. Oferta de servicio

B. Provisión de servicio

C. Gestión de servicio

D. Consumo de servicio

4) ¿Qué le da a un usuario acceso a un sistema?

A. Requisito de servicio

B. Acuerdo de servicio

C. Consumo de servicio

D. Provisión de servicio

5) ¿Cuál afirmación sobre la gestión de incidentes es CORRECTA?

A. Los incidentes de bajo impacto deben resolverse eficientemente, haciendo innecesario el registro.

B. La práctica de 'gestión de incidentes' debe utilizar un solo proceso independientemente del impacto del incidente.

C. Los incidentes de bajo impacto deben resolverse eficientemente para reducir el recurso necesario.

D. Los incidentes con el impacto más bajo deben resolverse primero.

7) ¿Cuál afirmación sobre la cadena de valor del servicio es CORRECTA?

A. La cadena de valor del servicio convierte el valor en demanda.

B. Cada actividad de la cadena de valor utiliza diferentes combinaciones de prácticas para convertir insumos en resultados.

C. Cada actividad de la cadena de valor identifica un requisito de recursos de un proveedor externo.

D. La cadena de valor del servicio utiliza flujos de valor para describir una combinación de consumidores y proveedores.

7) ¿Qué describe cómo los componentes y las

actividades trabajan juntos para facilitar la creación de valor?

A. El sistema de valor de servicio de ITIL

B. Los principios orientadores de ITIL

C. Las cuatro dimensiones de la gestión de servicios

D. Una relación de servicio

8) ¿Qué práctica implica la gestión de vulnerabilidades que no se identificaron antes de que el servicio estuviera en funcionamiento?

A. Gestión de solicitudes de servicio

B. Gestión de problemas

C. Control de cambios

D. Gestión de nivel de servicio

9) ¿Cuál afirmación sobre el uso de la medición en el principio orientador 'comienza donde estás' es CORRECTA?

A. Siempre debe usarse para respaldar la observación directa.

B. Siempre debe usarse en lugar de la observación directa.

C. Los datos medidos son siempre más precisos que la observación directa.

D. El acto de medir siempre impacta positivamente en los resultados.

10) ¿Qué práctica de ITIL recomienda realizar revisiones de servicio para asegurar que los servicios continúen cumpliendo las necesidades de la organización?

A. Mesa de servicio

B. Gestión de solicitudes de servicio

C. Gestión de nivel de servicio

D. Gestión de configuración de servicio

11) ¿Qué debería considerarse como parte de la dimensión 'socios y proveedores'?

A. El nivel de integración y formalidad involucrado en las relaciones entre organizaciones.

B. Las actividades, flujos de trabajo, controles y procedimientos necesarios para lograr los objetivos acordados.

C. La información creada, gestionada y utilizada en el curso de la provisión y consumo de servicios.

D. Las habilidades y competencias requeridas de los equipos y miembros individuales de la organización.

12) ¿Qué práctica pone nuevos servicios disponibles para su uso?

A. Habilitación de cambios

B. Gestión de versiones

C. Gestión de implementación

D. Gestión de activos de TI

13) ¿Qué actividad contribuye al paso '¿dónde estamos ahora?' del modelo de 'mejora continua'?

A. Ejecutar acciones de mejora.

B. Realizar evaluaciones de referencia.

C. Definir el plan de mejora.

D. Comprender la misión empresarial.

14) ¿Cuál es un principio orientador que considera la importancia de la lealtad del cliente?

A. Progresar iterativamente con retroalimentación.

B. Enfocarse en el valor.

C. Optimizar y automatizar.

D. Comenzar donde estás.

15) ¿Cuál es una recomendación del principio orientador 'pensar y trabajar de manera holística'?

A. Realizar una revisión de las prácticas existentes de gestión de servicios y decidir qué conservar y qué desechar.

B. Revisar cómo se puede organizar una iniciativa de mejora en secciones más pequeñas y manejables que se puedan completar de manera oportuna.

C. Revisar las prácticas de gestión de servicios y eliminar cualquier complejidad innecesaria.

D. Utilizar las cuatro dimensiones de la gestión de servicios para garantizar la coordinación de todos los aspectos de una iniciativa de mejora.

16) ¿Cuál afirmación sobre la 'mejora continua' es CORRECTA?

A. Todas las ideas de mejora deben registrarse en un único 'registro de mejora continua'.

B. Un solo equipo debería llevar a cabo la 'mejora continua' en toda la organización.

C. La 'mejora continua' debe tener una interacción mínima con otras prácticas.

D. Todos en la organización son responsables de algunos aspectos de la 'mejora continua'.

17) ¿Qué impacto tiene la automatización en un servicio de mesa de ayuda?

A. Menos trabajo de bajo nivel y una mayor capacidad para centrarse en la experiencia del usuario.

B. Aumento del contacto telefónico y una capacidad reducida para centrarse en la experiencia del usuario.

C. Capacidad para trabajar desde múltiples ubicaciones, geográficamente dispersas.

D. Capacidad para trabajar desde una única ubicación centralizada.

18) Identifica la(s) palabra(s) faltante(s) en la siguiente oración:

"La mesa de ayuda debería ser el punto de entrada y el único punto de contacto para el [?] con todos sus usuarios."

A. Consumidor de servicio.

B. Proveedor de servicio.

C. Cliente.

D. Proveedor.

19) ¿Qué aspecto de la 'gestión de nivel de servicio' le pregunta a los consumidores de servicios en qué consiste su trabajo y cómo la tecnología les ayuda?

A. Participación del cliente.

B. Métricas operativas.

C. Métricas empresariales.

D. Retroalimentación del cliente.

20) ¿Cuál es un resultado de aplicar el principio orientador 'progresar iterativamente con retroalimentación'?

A. La capacidad de descubrir y responder al fallo más temprano.

B. Estandarización de prácticas y servicios.

C. Comprender la percepción de valor del cliente.

D. Comprender el estado actual e identificar lo que se puede reutilizar.

21) ¿Qué se puede utilizar para determinar si un servicio es 'apto para el propósito'?

A. Disponibilidad

B. Garantía

C. Resultado

D. Utilidad

22) En las relaciones de servicio, ¿cuál es un beneficio de identificar los roles del consumidor?

A. Facilita la gestión efectiva de las partes interesadas

B. Proporciona expectativas de servicio compartidas

C. Elimina restricciones del cliente

D. Permite una definición común de valor

23) ¿Cuál es una entrada externa a la cadena de

valor del servicio?

A. La actividad de cadena de valor 'mejorar'

B. Un plan general

C. Requisitos del cliente

D. Bucles de retroalimentación

24) ¿Qué término se utiliza para describir si un servicio cumplirá con los requisitos de disponibilidad, capacidad y seguridad?

A. Resultados

B. Valor

C. Utilidad

D. Garantía

25) ¿Cuál es el propósito de la práctica de 'gestión de incidentes'?

A. Minimizar el impacto negativo de los incidentes restaurando la operación normal del servicio lo más rápido posible

B. Capturar la demanda de resolución de incidentes y solicitudes de servicio

C. Reducir la probabilidad e impacto de los incidentes identificando causas reales y potenciales de los incidentes

D. Apoyar la calidad del servicio acordada mediante el manejo efectivo de todas las solicitudes de servicio iniciadas por el usuario acordadas

26) ¿Cómo se define una interrupción no planificada o una reducción en la calidad de un servicio?

A. Un incidente

B. Un problema

C. Un cambio

D. Un evento

27) ¿Qué práctica de ITIL tiene el propósito de establecer y fomentar los vínculos entre la organización y sus partes interesadas a niveles estratégicos y tácticos?

A. Gestión de proveedores

B. Control de cambios

C. Gestión de relaciones

D. Mesa de servicio

28) ¿Qué puede ayudar a reducir la resistencia a una mejora planificada al aplicar el principio rector 'colaborar y promover la visibilidad'?

A. Restringir la información sobre la mejora solo a las partes interesadas esenciales

B. Aumentar la colaboración y la visibilidad para la mejora

C. Involucrar a los clientes después de que se haya completado toda la planificación

D. Involucrar a todos los grupos de partes interesadas de la misma manera, con la misma comunicación

29) ¿Qué varía en tamaño y complejidad y utiliza funciones para alcanzar sus objetivos?

A. Un riesgo

B. Una organización

C. Una práctica

D. Un resultado

30) ¿Qué práctica asegura que cualquier adición,

modificación o eliminación de cualquier cosa que pueda afectar a los servicios se evalúe y autorice?

A. Gestión de implementación

B. Gestión de versiones

C. Habilitación de cambios

D. Gestión de configuración de servicios

31) ¿Cuál práctica tiene un propósito que incluye gestionar riesgos de confidencialidad, integridad y disponibilidad?

A. Gestión de seguridad de la información

B. Mejora continua

C. Monitoreo y gestión de eventos

D. Gestión de nivel de servicio

32) ¿Qué ayudará a resolver incidentes más rápidamente?

A. Tiempos de resolución objetivo

B. Escalar todos los incidentes a equipos de soporte

C. Colaboración entre equipos

D. Pasos procedimentales detallados para la investigación de incidentes

33) ¿Cuándo es lo más temprano que se puede documentar una solución temporal en 'gestión de problemas'?

A. Después de que el problema haya sido registrado

B. Después de que el problema haya sido priorizado

C. Después de que el problema haya sido analizado

D. Después de que el problema haya sido resuelto

34) ¿Cuál es una actividad de la práctica de 'gestión de problemas'?

A. Restauración de la operación normal del servicio lo más rápido posible

B. Priorización de problemas basada en el riesgo que representan

C. Autorización de cambios para resolver la causa de problemas

D. Resolución de incidentes en un tiempo que cumple con las expectativas del cliente

35) ¿Cuál práctica es MÁS probable que se

beneficie del uso de chatbots?

A. Gestión de nivel de servicio

B. Facilitación del cambio

C. Mejora continua

D. Mesa de servicio

36) ¿Dónde se definen los detalles de los resultados de rendimiento requeridos de un servicio?

A. Acuerdos de nivel de servicio

B. Solicitudes de servicio

C. Componentes de servicio

D. Ofertas de servicio

37) ¿Cuál actividad de cadena de valor asegura una comprensión compartida del estado actual y la dirección requerida para todos los productos y servicios?

A. Planificar

B. Mejorar

C. Diseñar y transicionar

D. Entregar y apoyar

38) ¿Cuál práctica tiene el propósito de asegurar que los proveedores de la organización y su desempeño se gestionen adecuadamente para respaldar la provisión de productos y servicios sin problemas y de calidad?

A. Gestión de versiones

B. Gestión de proveedores

C. Gestión de servicios

D. Gestión de relaciones

39) ¿Cuáles dos prácticas interactúan MÁS con la práctica de la mesa de servicio?

A. Gestión de incidentes y gestión de solicitudes de servicio

B. Gestión de solicitudes de servicio y gestión de implementación

C. Gestión de implementación y facilitación del cambio

D. Facilitación del cambio y gestión de incidentes

40) ¿Cuál es una actividad de la práctica de

'gestión de incidentes'?

A. Evaluar y priorizar oportunidades de mejora

B. Realizar revisiones de servicio con clientes

C. Proporcionar actualizaciones de buena calidad cuando se espera

D. Automatizar solicitudes de servicio en la mayor medida posible

RESPUESTAS Y EXPLICACIÓN

1) A

La respuesta correcta es:

A. Se acuerdan, documentan y comunican para ayudar a establecer las expectativas del usuario.

(They are agreed, documented, and communicated to help set user expectations)

Explicación:

Los tiempos de resolución objetivo en la práctica de 'gestión de incidentes' se acuerdan, documentan y comunican para proporcionar claridad sobre el tiempo que se espera que transcurra antes de que se resuelva un incidente. Estos tiempos son importantes para establecer expectativas realistas entre los usuarios y asegurar una gestión eficiente de los incidentes.

Administracion de incidentes

Los tiempos de resolución objetivo se acuerdan,

documentan y comunican para garantizar que las expectativas sean realistas.

2) C

La respuesta correcta es:

C. Para agilizar el flujo de cumplimiento.

(To streamline the fulfilment workflow)

Explicación:

Algunas solicitudes de servicio deben cumplirse sin aprobaciones adicionales para agilizar el proceso de cumplimiento. Esto permite una respuesta más rápida y eficiente a las solicitudes, mejorando la experiencia del usuario y acelerando la entrega de servicios. La eliminación de aprobaciones adicionales puede ser apropiada en situaciones en las que el riesgo y la complejidad son bajos, y la rapidez en la prestación del servicio es prioritaria.

Dado que las solicitudes de servicio están predefinidas y acordadas como parte normal de la prestación del servicio, generalmente pueden formalizarse con un procedimiento estándar claro para su inicio, aprobación, cumplimiento y gestión. Algunas solicitudes de servicio tienen flujos de trabajo muy simples, como una solicitud de información. Otros, como la configuración de un nuevo empleado, pueden ser bastante complejos y requerir contribuciones de muchos equipos y sistemas para su cumplimiento.

3) C

(Service management)

Capítulo 2: Conceptos clave de la gestión de servicios

"Definición: Gestión de servicios: un conjunto de capacidades organizativas especializadas para generar valor para los clientes en forma de servicios".

4) D

La respuesta correcta es:

D. Provisión de servicio (service provision)

La provisión de servicio implica proporcionar acceso a un sistema o servicio a los usuarios. Es el acto de suministrar los recursos y capacidades necesarios para que un usuario pueda utilizar un servicio de manera efectiva.

la prestación de servicios

Actividades realizadas por una organización para proporcionar servicios. Incluye la gestión de los recursos del proveedor, configurados para prestar el servicio; garantizar el acceso a estos recursos para los usuarios.

5) C

La afirmación correcta sobre la gestión de incidentes es:

C. Los incidentes de bajo impacto deben resolverse eficientemente para reducir el recurso necesario.

(Low impact incidents should be resolved efficiently so the resource required is reduced)

La gestión de incidentes se centra en restaurar rápidamente los servicios afectados y minimizar el impacto negativo en el negocio. Resolver eficientemente los incidentes de bajo impacto contribuye a una utilización más efectiva de los recursos y garantiza una atención adecuada a incidentes más críticos.

5.2.5 Gestión de incidentes: Las organizaciones deben diseñar su práctica de gestión de incidentes para proporcionar una gestión y asignación de recursos adecuadas para diferentes tipos de incidentes. Los incidentes de bajo impacto deben gestionarse de manera eficiente para garantizar que no consuman demasiados recursos. Los incidentes con un impacto mayor pueden requerir más recursos y una gestión más compleja. Generalmente existen procesos separados para gestionar incidentes importantes y para gestionar incidentes de seguridad de la información.

6) B

La afirmación correcta sobre la cadena de valor del servicio es:

B. Cada actividad de la cadena de valor utiliza diferentes combinaciones de prácticas para convertir insumos en resultados.

(Each value chain activity uses different combinations of practices to convert inputs into outputs)

La cadena de valor del servicio comprende una serie de actividades interconectadas, y cada actividad utiliza diferentes prácticas y procesos para transformar insumos en resultados, contribuyendo así a la creación de valor para los clientes.

4.5 Cadena de valor del servicio: ...Cada actividad transforma insumos en productos.... Para convertir insumos en productos, las actividades de la cadena de valor utilizan diferentes combinaciones de prácticas ITIL (conjuntos de recursos para realizar ciertos tipos de trabajo), basándose en recursos internos o recursos, procesos, habilidades y competencias de terceros según sea necesario.

7) A

La respuesta correcta es:

A. El sistema de valor de servicio de ITIL

(The ITIL service value system)

El sistema de valor de servicio de ITIL describe cómo los componentes y las actividades trabajan juntos para facilitar la creación de valor. Proporciona un marco integral para entender cómo las distintas partes de una organización colaboran para ofrecer servicios y crear valor para los clientes y las partes interesadas.

4.1 Descripción general del sistema de valor del servicio: ITIL SVS describe cómo todos los componentes y actividades de la organización trabajan juntos como un sistema para permitir la creación de valor.

8) B

La práctica que implica la gestión de

vulnerabilidades que no se identificaron antes de que el servicio estuviera en funcionamiento es:

B. Gestión de problemas

(Problem management)

La gestión de problemas se ocupa de la gestión de las causas subyacentes de los incidentes y la gestión proactiva de los problemas para evitar la recurrencia de incidentes. Esto incluiría la gestión de vulnerabilidades y la toma de medidas correctivas para abordar problemas identificados después de que el servicio esté en funcionamiento.

5.2.8 Gestión de problemas: Todo servicio tiene errores, fallas o vulnerabilidades que pueden causar incidentes. Pueden incluir errores en cualquiera de las cuatro dimensiones de la gestión de servicios. Muchos errores se identifican y resuelven antes de que un servicio entre en funcionamiento. Sin embargo, algunos permanecen sin identificar o sin resolver y pueden representar un riesgo para los servicios activos. En ITIL, estos errores se denominan problemas y se abordan mediante la práctica de gestión de problemas.

9) A

La afirmación correcta sobre el uso de la medición en el principio orientador 'comienza donde estás' es:

A. Siempre debe usarse para respaldar la observación directa.

(It should always be used to support direct observation)

La medición se utiliza para respaldar y complementar la observación directa. Los datos medidos pueden proporcionar información adicional y objetiva para respaldar las evaluaciones basadas en la observación directa, pero ambos enfoques son importantes para obtener una comprensión completa y precisa de la situación.

Los servicios y métodos que ya existen deben medirse y/u observarse directamente para comprender adecuadamente su estado actual y qué se puede reutilizar de ellos.

4.3.2.1 Evalúe dónde se encuentra: los servicios y métodos que ya existen deben medirse y/u observarse DIRECTAMENTE para comprender adecuadamente su estado actual y qué se puede reutilizar de ellos.

10) C

La práctica de ITIL que recomienda realizar

revisiones de servicio para asegurar que los servicios continúen cumpliendo las necesidades de la organización es:

C. Gestión de nivel de servicio

(Service level management)

La gestión de nivel de servicio incluye la realización de revisiones y evaluaciones periódicas para garantizar que los servicios se alineen con los requisitos y expectativas de la organización y de los clientes. Estas revisiones ayudan a mantener y mejorar continuamente la calidad de los servicios proporcionados.

5.2.15 Gestión del nivel de servicio: la gestión del nivel de servicio proporciona visibilidad de extremo a extremo de los servicios de la organización. Para lograr esto, la gestión del nivel de servicio: realiza revisiones del servicio para garantizar que el conjunto actual de servicios continúa satisfaciendo las necesidades de la organización y sus clientes.

11) A

La respuesta correcta es:

A. El nivel de integración y formalidad involucrado en las relaciones entre organizaciones.

(The level of integration and formality involved in the relationships between organizations)

Explicación:

La dimensión 'socios y proveedores' se refiere a cómo las organizaciones colaboran y trabajan con otros, como socios y proveedores externos. Esta dimensión incluye consideraciones sobre el nivel de integración y formalidad en las relaciones entre las organizaciones para lograr objetivos comunes. Es importante gestionar estas relaciones de manera eficiente para garantizar la entrega efectiva de servicios.

3.3 Socios y proveedores: Las relaciones entre organizaciones pueden implicar varios niveles de integración y formalidad.

12) B

B. Gestión de versions (Release management)

El propósito de la práctica de gestión de versiones es hacer que los servicios y funciones nuevos y modificados estén disponibles para su uso.

Lanzamiento: una versión de un servicio u otro elemento de configuración, o una colección de elementos de configuración, que está disponible para su uso.

13) B

La actividad que contribuye al paso '¿dónde estamos ahora?' del modelo de 'mejora continua' es:

B. Realizar evaluaciones de referencia.

(Performing baseline assessments)

Realizar evaluaciones de referencia implica analizar la situación actual, identificar fortalezas y debilidades, y entender la posición actual de la organización antes de iniciar cualquier proceso de mejora. Esta actividad proporciona una base para comprender el punto de partida y establecer metas realistas para la mejora continua.

1. ¿Cuál es la visión -> Misión empresarial, metas y objetivos de la visión?

2. ¿Dónde estamos ahora? -> Realizar evaluaciones de referencia (conociendo el punto de partida)

3. dónde queremos estar -> Definir objetivos medibles (conociendo el punto final)

4. ¿Cómo llegamos ahí? -> Definir el plan de mejora

5. actuar -> ejecutar el plan de mejora

6. ¿Llegamos ahí? -> evaluar métricas y KPI

14) B

El principio orientador que considera la importancia de la lealtad del cliente es:

B. Enfocarse en el valor.

(Focus on value)

Enfocarse en el valor implica reconocer la importancia de proporcionar servicios valiosos y centrarse en satisfacer las necesidades y expectativas del cliente. La lealtad del cliente a menudo está vinculada a la percepción de valor que obtienen de los servicios proporcionados.

Este principio se centra principalmente en la creación de valor para los consumidores de servicios. Sin embargo, un servicio también aporta valor para la organización y otras partes interesadas. Este valor puede presentarse en diversas formas, como ingresos, lealtad del cliente, menores costos y/u oportunidades de crecimiento.

4.3.1 Centrarse en el valor (Focus on value)

Todo lo que hace la organización debe estar vinculado, directa o indirectamente, al valor para sí misma, sus clientes y otras partes interesadas.

Esta sección se centra principalmente en la

creación de valor para los consumidores de servicios. Sin embargo, un servicio también aporta valor a la organización y a otras partes interesadas. Este valor puede presentarse de muchas formas, como ingresos, lealtad del cliente, costos más bajos u oportunidades de crecimiento. Las siguientes recomendaciones se pueden adaptar para abordar varios grupos de partes interesadas y el valor que la organización crea para ellos. COMO PUEDES VER LA RESPUESTA CORRECTA ES ENFOCARSE EN EL VALOR.

15) D

La recomendación del principio orientador 'pensar y trabajar de manera holística' es:

D. Utilizar las cuatro dimensiones de la gestión de servicios para garantizar la coordinación de todos los aspectos de una iniciativa de mejora.

(Use the four dimensions of service management to ensure coordination of all aspects of an improvement initiative)

Este principio orientador destaca la importancia de considerar y abordar todos los aspectos de una situación o problema, utilizando un enfoque integral. En el contexto de una iniciativa de mejora, esto implica tener en cuenta las cuatro dimensiones de la gestión de servicios para garantizar una coordinación efectiva.

"Un enfoque holístico requiere comprender el papel de las cuatro dimensiones de la gestión de servicios en la SVS, trabajando juntas de manera integrada".

4.3.5 Pensar y trabajar de manera integral: los servicios se entregan a los consumidores de servicios internos y externos a través de la coordinación e integración de las cuatro dimensiones de la gestión de servicios.

16) D

La afirmación correcta sobre la 'mejora continua' es:

D. Todos en la organización son responsables de algunos aspectos de la 'mejora continua'.

(Everyone in the organization is responsible for some aspects of 'continual improvement')

La mejora continua es un esfuerzo colaborativo que involucra a todos en la organización. Cada individuo contribuye a la identificación de oportunidades de mejora y al desarrollo de soluciones para mejorar continuamente los procesos y servicios.

Árbitro. 5.1.2

La mejora continua es responsabilidad de todos. Aunque puede haber un grupo de miembros del personal que se concentran en este trabajo a tiempo completo, es fundamental que todos en la organización comprendan que la participación activa en actividades de mejora continua es una parte fundamental de su trabajo.

"La mejora continua es una actividad organizacional recurrente que se realiza en todos los niveles para garantizar que el desempeño de una organización cumpla continuamente con las expectativas de las partes interesadas".

17) A

El impacto que tiene la automatización en un servicio de mesa de ayuda es:

A. Menos trabajo de bajo nivel y una mayor capacidad para centrarse en la experiencia del usuario.

(Less low level work and a greater ability to focus on user experience)

La automatización en un servicio de mesa de ayuda puede reducir la carga de trabajo en tareas repetitivas y de bajo nivel, permitiendo que el personal se enfoque en tareas más complejas y en mejorar la experiencia del usuario. Esto puede llevar a una mayor eficiencia y satisfacción del cliente.

"Con una mayor automatización, la mesa de servicio ahora ha reducido el contacto telefónico, menos trabajo de bajo nivel y una mayor capacidad para centrarse en una CX (experiencia del cliente) excelente cuando se necesita contacto personal".

18) B

B. Proveedor de servicio.

(Service provider)

La mesa de servicio siempre es propiedad de los proveedores de servicios y está administrada por ellos para actuar como interfaz entre ellos y sus clientes.

"El propósito de la práctica de la mesa de servicio es capturar la demanda de resolución de incidentes y solicitudes de servicio. También debe ser el punto de entrada y el único punto de contacto para el proveedor de servicios con todos sus usuarios". Árbitro 5.2.14

19) A

La respuesta correcta es A.

Compromiso del cliente.

(Customer engagement)

La gestión del nivel de servicio es una práctica dentro de la gestión de servicios de TI que se centra en definir, negociar y gestionar los niveles de servicio entre un proveedor de servicios y sus clientes. Su objetivo es garantizar que se cumplan o superen los niveles de servicio acordados para satisfacer los requisitos del cliente.

La participación del cliente es un aspecto de la gestión del nivel de servicio que implica involucrar activamente a los consumidores del servicio en discusiones y actividades relacionadas con los niveles de servicio. Incluye recopilar información de los clientes sobre su trabajo, comprender sus necesidades y expectativas y solicitar comentarios sobre cómo la tecnología respalda sus procesos de trabajo. Al involucrar a los clientes, la gestión del nivel de servicio puede alinear mejor los servicios con los requisitos del cliente y mejorar la satisfacción del cliente.

5.2.15

La gestión del nivel de servicio implica recopilar y analizar información de varias fuentes, que incluyen:

- Compromiso con el cliente. Esto implica escuchar, descubrir y capturar información inicial en la cual basar métricas, mediciones y discusiones continuas sobre el progreso. Considere hacer a los clientes algunas preguntas abiertas simples como:

- ¿En qué consiste tu trabajo?
- ¿Cómo te ayuda la tecnología?

20) A

El resultado de aplicar el principio orientador 'progresar iterativamente con retroalimentación' es:

A. La capacidad de descubrir y responder al fallo más temprano.

(The ability to discover and respond to failure earlier)

Este principio destaca la importancia de avanzar paso a paso, obteniendo retroalimentación en cada iteración. Al hacerlo, se mejora la capacidad de identificar y abordar fallos o problemas de manera temprana en el proceso de desarrollo o mejora de servicios.

Progrese de forma iterativa con comentarios

Trabajar de manera iterativa y con plazos definidos con ciclos de retroalimentación integrados en el proceso permite una mayor flexibilidad, respuestas más rápidas a las necesidades del cliente y del negocio, la capacidad de descubrir y responder a las fallas antes y una mejora general de la calidad.

A. La capacidad de descubrir y responder antes al fracaso.

Progrese de forma iterativa con comentarios.

B. Estandarización de prácticas y servicios.

Optimice y automatice.

C. Comprender la percepción de valor del cliente.

Centrarse en el valor.

D. Comprender el estado actual e identificar qué se puede reutilizar.

Empieza donde estás.

21) D

La respuesta correcta es:

D. Utilidad (Utility)

La utilidad se refiere a la capacidad de un servicio para proporcionar el resultado deseado y cumplir con las necesidades del usuario. En el contexto de la pregunta, determinar si un servicio es "apto para el propósito" implica evaluar si el servicio es útil para satisfacer las necesidades y expectativas del usuario. Mientras que la disponibilidad, la garantía y los resultados también son aspectos importantes en la gestión de servicios, la utilidad se centra específicamente en la capacidad del servicio para lograr el propósito previsto.

Utilidad: adecuado al propósito

Garantía: Apto para su uso

2.5.4 Utilidad y garantía: La utilidad se puede resumir como "lo que hace el servicio" y se puede utilizar para determinar si un servicio es "adecuado para su propósito".

22) A

La respuesta correcta es:

A. Facilita la gestión efectiva de las partes interesadas

(It enables effective stakeholder management)

Identificar los roles del consumidor en las relaciones de servicio ayuda a comprender mejor las expectativas y necesidades de las partes interesadas, lo que facilita la gestión efectiva de esas partes interesadas en el contexto de la prestación de servicios.

Es importante identificar estos roles en las relaciones de servicio para garantizar una comunicación y una gestión de las partes interesadas efectivas.

2.2.2 Es importante identificar estos roles en las relaciones de servicio para garantizar una comunicación y una gestión de las partes interesadas efectivas. Cada uno de estos roles puede tener expectativas diferentes, y a veces incluso contradictorias, de los servicios y diferentes definiciones de valor.

23) C

La respuesta correcta es:

C. Requisitos del cliente

(Customer requirements)

Los requisitos del cliente son una entrada externa a la cadena de valor del servicio, ya que provienen de fuentes externas a la organización y son fundamentales para determinar cómo se puede proporcionar valor a los clientes a lo largo de la cadena de valor del servicio.

Si ve el diagrama de SVC, observe que la "demanda" se denomina entrada externa. Esta demanda se refiere a los requisitos del cliente.

4.5 Cada actividad transforma insumos en productos. Estos insumos pueden ser demandados desde fuera de la cadena de valor.

La respuesta no es A. "A" es interna al SVC. La pregunta es específicamente externa.

24) D

La respuesta correcta es:

D. Garantía (Warranty)

El término utilizado para describir si un servicio cumplirá con los requisitos de disponibilidad, capacidad y seguridad es "garantía". La garantía se refiere a la capacidad del servicio para cumplir con ciertos estándares y requisitos, asegurando que cumpla con las expectativas en términos de rendimiento, seguridad y otros criterios especificados.

2.5.4 Definición de Garantía: la garantía generalmente aborda áreas tales como la disponibilidad del servicio, su capacidad, niveles de seguridad y continuidad.

Cada actividad transforma insumos en productos. Estos insumos pueden ser demandados desde fuera de la cadena de valor.

25) A

La respuesta correcta es:

A. Minimizar el impacto negativo de los incidentes restaurando la operación normal del servicio lo más rápido posible.

(To minimize the negative impact of incidents by restoring normal service operation as quickly as possible)

La práctica de "gestión de incidentes" tiene como propósito principal minimizar el impacto negativo de los incidentes restaurando la operación normal del servicio tan rápidamente como sea posible. Se centra en la resolución eficiente de incidentes para garantizar la continuidad del servicio y reducir el impacto en los usuarios.

El propósito de la gestión de incidentes es minimizar el impacto negativo de los incidentes restableciendo la operación normal del servicio lo más rápido posible.

Gestión de incidentes - A. Minimizar el impacto negativo de los incidentes restaurando la operación normal del servicio lo más rápido posible.

mesa de servicio - B. Para capturar la demanda de

resolución de incidentes y solicitudes de servicio

Gestión de problemas - C. Reducir la probabilidad y el impacto de los incidentes mediante la identificación de las causas reales y potenciales de los incidentes.

Gestión de solicitudes de servicio - D. Respaldar la calidad del servicio acordada mediante el manejo efectivo de todas las solicitudes de servicio iniciadas por el usuario acordadas.

26) A

La respuesta correcta es:

A. Un incidente (Incident)

Una interrupción no planificada o una reducción en la calidad de un servicio se define como un "incidente". Un incidente es un evento no deseado que causa una interrupción o una reducción en la calidad del servicio. El objetivo de la gestión de incidentes es restaurar la operación normal del servicio lo más rápido posible después de que ha ocurrido un incidente.

Un incidente es un evento único no planificado que causa un servicio, mientras que un problema es una causa o causa potencial de uno o más incidentes.

27) C

La respuesta correcta es:

C. Gestión de relaciones

(Relationship management)

La práctica de "Gestión de relaciones" en ITIL tiene el propósito de establecer y fomentar los vínculos entre la organización y sus partes interesadas, tanto a niveles estratégicos como tácticos. Esta práctica se enfoca en la colaboración efectiva con las partes interesadas para comprender y cumplir con sus necesidades y expectativas.

5.1.9 Gestión de relaciones: El propósito de la práctica de gestión de relaciones es establecer y nutrir los vínculos entre la organización y sus partes interesadas a niveles estratégicos y tácticos.

28) B

La respuesta correcta es:

B. Aumentar la colaboración y la visibilidad para la mejora.

(Increasing collaboration and visibility for the improvement)

Al aplicar el principio rector "colaborar y promover la visibilidad", aumentar la colaboración y la visibilidad para la mejora puede ayudar a reducir la resistencia. Esto implica involucrar a diversas partes interesadas y hacer que el proceso de mejora sea transparente y comprensible para todos los involucrados, lo que puede facilitar la aceptación y la cooperación.

4.3.4 Colaborar y promover la visibilidad: el trabajo y sus resultados deben hacerse visibles, deben evitarse agendas ocultas y la información debe compartirse en la mayor medida posible... Cuando la actividad de mejora ocurre en relativo silencio, o solo con un grupo pequeño estar al tanto de los detalles, las suposiciones y los rumores pueden prevalecer. A menudo surgirá resistencia al cambio cuando los miembros del personal especulen sobre lo que está cambiando y cómo podría afectarlos.

29) B

La respuesta correcta es:

B. Una organización (an organization)

Una organización puede variar en tamaño y complejidad y utiliza funciones (departamentos, equipos, roles, etc.) para alcanzar sus objetivos.

Las organizaciones tienen una estructura y operan mediante la colaboración de diversas funciones para lograr sus metas y objetivos.

30) C

La respuesta correcta es:

C. Habilitación de cambios

(Change Enablement)

La práctica de "Control de cambios" asegura que cualquier adición, modificación o eliminación de cualquier cosa que pueda afectar a los servicios se evalúe y autorice de manera controlada. Esta práctica es crucial para gestionar cambios de manera que minimice riesgos y mantenga la integridad y la estabilidad de los servicios.

5.2.4 Habilitación de cambios: el propósito de la práctica de habilitación de cambios es maximizar la cantidad de cambios exitosos en servicios y productos garantizando que los riesgos se hayan evaluado adecuadamente, autorizando que se realicen los cambios y gestionando el cronograma de cambios.

31) A

La respuesta correcta es:

A. Gestión de seguridad de la información.

(Information security management)

La Gestión de la Seguridad de la Información implica la gestión relacionada con datos, información, conocimiento y seguridad/protección.

La práctica de "Gestión de seguridad de la información" tiene un propósito que incluye gestionar riesgos relacionados con la confidencialidad, integridad y disponibilidad de la información. La seguridad de la información es crucial para proteger los activos de información de una organización y garantizar que se mantengan confidenciales, íntegros y disponibles según sea necesario. La gestión de seguridad de la información se ocupa de la identificación, evaluación y gestión de los riesgos de seguridad de la información para proteger los activos de información y garantizar un entorno seguro para los servicios de TI.

El propósito de la práctica de gestión de la seguridad de la información es proteger la información que necesita la organización para realizar sus negocios. Esto incluye comprender y gestionar los riesgos para la confidencialidad, integridad y disponibilidad de la información, así como otros aspectos de la seguridad de la información, como la autenticación (garantizar que alguien es quien dice ser) y el no repudio (garantizar que alguien no pueda negar que tomaron una acción).

32) C

La respuesta correcta es:

C. Colaboración entre equipos

(Collaboration between teams)

La colaboración entre equipos ayuda a resolver incidentes más rápidamente al facilitar la comunicación y la cooperación entre diferentes partes involucradas en la gestión de incidentes. Cuando los equipos colaboran eficazmente, se comparten conocimientos y recursos, lo que puede acelerar la identificación y resolución de problemas. Mientras que los tiempos de resolución objetivo (opción A) también son importantes, la colaboración entre equipos es una estrategia clave para mejorar la eficiencia en la gestión de incidentes.

5.2.5: La gestión eficaz de incidentes a menudo requiere un alto nivel de colaboración dentro y entre los equipos. Estos equipos pueden incluir la mesa de servicio, soporte técnico, soporte de aplicaciones y proveedores. La colaboración puede facilitar el intercambio de información y el aprendizaje, además de ayudar a resolver el incidente de manera más eficiente y efectiva.

No es D, porque "Este proceso NO suele incluir procedimientos detallados sobre cómo diagnosticar, investigar y resolver incidentes".

33) A

La respuesta correcta es:

A. Después de que el problema haya sido registrado.

(After the problem has been logged)

En la gestión de problemas, una solución temporal puede documentarse tan pronto como el problema ha sido registrado. La documentación de soluciones temporales tempranas puede ayudar a minimizar el impacto del problema mientras se lleva a cabo un análisis más detenido y se busca una solución permanente.

Último párrafo en la página 131: Las soluciones alternativas están documentadas en registros de problemas. Esto se puede hacer en cualquier etapa; no es necesario esperar a que se complete el análisis.

5.2.8: Cuando un problema no se puede resolver rápidamente, suele ser útil encontrar y documentar una solución alternativa para incidentes futuros, basándose en la comprensión del problema. Las soluciones alternativas están documentadas en registros de problemas. Esto se puede hacer en cualquier etapa; no es necesario esperar a que se complete el análisis. Si se ha documentado una solución alternativa en las primeras etapas del control del problema, entonces se debe revisar y mejorar después de que se haya completado el análisis del problema. También hay: No es esencial analizar todos los problemas; Es más valioso lograr avances significativos en los problemas de mayor prioridad que investigar cada problema menor del que la organización tiene conocimiento.

34) B

La respuesta correcta es:

B. Priorización de problemas basada en el riesgo que representan.

(Prioritization of problems based on the risk that they pose)

Una actividad clave en la práctica de 'gestión de problemas' es la priorización de problemas basada en el riesgo que representan. La gestión de problemas se centra en identificar y abordar las causas subyacentes de los incidentes para prevenir su recurrencia. La priorización basada en el riesgo ayuda a determinar qué problemas deben abordarse primero para gestionar de manera efectiva los riesgos asociados con esos problemas.

A. Restauración del funcionamiento normal del servicio lo más rápido posible - Gestión de incidencias.

B. Priorización de problemas en función del riesgo que suponen - Gestión de problemas.

C. Autorización de cambios para resolver la causa de los problemas - Habilitación de cambios.

5.2.8 Gestión de problemas:

Los problemas se priorizan para el análisis en función del riesgo que plantean y se gestionan como riesgos en función de su impacto potencial y probabilidad. No es imprescindible analizar todos los problemas; Puede ser más valioso lograr avances significativos en los problemas de mayor prioridad que investigar cada problema menor del que la organización tenga conocimiento.

35) D

La respuesta correcta es:

D. Mesa de servicio (Service desk)

La práctica que es más probable que se beneficie del uso de chatbots es la "Mesa de servicio". La mesa de servicio implica la interacción directa con los usuarios y clientes para proporcionar respuestas a preguntas, resolver problemas y gestionar solicitudes de servicio. La automatización mediante chatbots puede ser especialmente beneficiosa en este contexto para proporcionar respuestas rápidas y soluciones a consultas comunes, liberando recursos humanos para abordar problemas más complejos.

5.2.14 Mesa de servicio:

Con una mayor automatización, inteligencia artificial, automatización de procesos robóticos (RPA) y chatbots, las mesas de servicio se están moviendo para brindar más registros y resolución de autoservicio directamente a través de portales en línea y aplicaciones móviles. El impacto en las mesas de servicio es un contacto telefónico reducido, menos trabajo de bajo nivel y una mayor capacidad para concentrarse en una CX excelente cuando se necesita un contacto personal.

36) A

La respuesta correcta es:

A. Acuerdos de nivel de servicio

(Service level agreements)

Los detalles de los resultados de rendimiento requeridos de un servicio se definen en los Acuerdos de Nivel de Servicio (SLA, por sus siglas en inglés). Los SLA son acuerdos formales que establecen expectativas claras sobre el rendimiento del servicio, incluyendo los niveles de servicio que deben cumplirse, las métricas de rendimiento y otros criterios relevantes. Estos acuerdos proporcionan una base para medir y gestionar el rendimiento del servicio de manera efectiva.

5.2.15.1

Algunos de los requisitos clave para un SLA exitoso incluyen:

• Deben estar relacionados con un "servicio" definido en el catálogo de servicios; de lo contrario son simplemente métricas individuales sin propósito, que no brindan la visibilidad adecuada ni reflejan la perspectiva del servicio.

• Deben relacionarse con resultados definidos y no simplemente con métricas operativas. Esto se puede lograr con conjuntos equilibrados de métricas, como la satisfacción del cliente y los resultados comerciales clave.

- Deben reflejar un "acuerdo", es decir, compromiso y discusión entre el proveedor de servicios y el consumidor de servicios. Es importante involucrar a todas las partes interesadas, incluidos socios, patrocinadores, usuarios y clientes.

- Deben estar escritos de forma sencilla y fáciles de entender y utilizar para todas las partes.

37) A

La actividad de la cadena de valor que asegura una comprensión compartida del estado actual y la dirección requerida para todos los productos y servicios es:

A. Planificar (Plan)

La actividad de "Planificar" en la cadena de valor es responsable de asegurar una comprensión compartida del estado actual y la dirección requerida para todos los productos y servicios. Implica la planificación estratégica y táctica para guiar eficazmente el diseño, la transición, la entrega y el apoyo de los productos y servicios de una organización.

La actividad de la cadena de valor "Planificar"

garantiza una comprensión compartida del estado actual y la dirección requerida para todos los productos y servicios. Esta actividad implica definir los objetivos estratégicos de la organización, evaluar el estado actual de los productos y servicios y determinar la dirección futura y los planes de mejora.

Durante la fase de planificación, la organización analiza sus productos y servicios actuales, identifica áreas de mejora y establece metas y objetivos estratégicos. Esta actividad ayuda a establecer una dirección clara y una comprensión de lo que se debe lograr, asegurando la alineación con la estrategia general de la organización.

38) B

La respuesta correcta es:

B. Gestión de proveedores

(Supplier management)

La práctica de "Gestión de proveedores" tiene el propósito de asegurar que los proveedores de la organización y su desempeño se gestionen adecuadamente para respaldar la provisión de productos y servicios sin problemas y de calidad. Implica establecer y mantener relaciones efectivas con los proveedores, monitorear su desempeño y asegurar que cumplan con los requisitos y expectativas de la organización.

5.1.13 Gestión de proveedores:

El propósito de la práctica de gestión de proveedores es garantizar que los proveedores de la organización y su desempeño se gestionen adecuadamente para respaldar el suministro continuo de productos y servicios de calidad. Esto incluye la creación de relaciones más estrechas y colaborativas con proveedores clave para descubrir y realizar nuevos valores y reducir el riesgo de fracaso.

39) A

La respuesta correcta es:

A. Gestión de incidentes y gestión de solicitudes de servicio.

(Incident management and service request management)

Las prácticas que interactúan más con la práctica de la mesa de servicio son la "Gestión de incidentes" y la "Gestión de solicitudes de servicio". La mesa de servicio se ocupa de la recepción y gestión de incidentes y solicitudes de servicio, y estas dos prácticas están directamente relacionadas con proporcionar respuestas y soluciones a los usuarios y clientes.

Práctica de la mesa de servicio: la práctica de capturar la demanda para la resolución de incidentes y solicitudes de servicio.

40) C

La respuesta correcta es:

C. Proporcionar actualizaciones de buena calidad cuando se espera.

(Providing good-quality updates when expected)

En la práctica de 'gestión de incidentes', proporcionar actualizaciones de buena calidad cuando se espera es una actividad clave. Esto implica informar a los usuarios y partes interesadas sobre el estado y el progreso de la resolución de un incidente, brindando información clara y relevante para mantenerlos informados de manera efectiva durante todo el proceso.

5.2.5 Es importante que las personas que trabajan en un incidente proporcionen actualizaciones de buena calidad de manera oportuna.

Cualquiera que trabaje en un incidente debe proporcionar actualizaciones oportunas y de calidad.

Una actividad de la práctica de "gestión de incidentes" es proporcionar actualizaciones de buena calidad cuando se espera. La gestión de incidentes es responsable de restablecer las operaciones normales del servicio lo más rápido posible y minimizar el impacto en las operaciones comerciales. La comunicación efectiva es crucial durante la gestión de incidentes para mantener a las partes interesadas informadas sobre el estado, el progreso y la resolución de los incidentes.

Proporcionar actualizaciones oportunas y precisas a las partes interesadas ayuda a gestionar sus expectativas, las mantiene informadas sobre el progreso del incidente y proporciona transparencia en el proceso de gestión de incidentes. Estas actualizaciones pueden incluir información sobre la causa del incidente, el estado actual, el tiempo estimado de resolución y cualquier solución o medida de mitigación implementada.

La evaluación y priorización de oportunidades de mejora (A) generalmente se asocia con la práctica de "mejora continua" más que con la gestión de incidentes. Realizar revisiones de servicios con clientes (B) está más relacionado con la práctica de "gestión de relaciones". Automatizar al máximo las solicitudes de servicios (D) está asociado a la práctica de "gestión de solicitudes de servicios".

El examen de fin de práctica I

EXAMEN DE PRÁCTICA II

1) Identifica las palabras faltantes en la siguiente oración:

"Un usuario es [?] que utiliza servicios."

A. una organización

B. un rol

C. un equipo

D. un proveedor

2) ¿Qué se incluye en el propósito de la práctica de 'facilitación del cambio'?

A. Poner nuevos y modificados servicios disponibles para su uso

B. Asegurar que los riesgos se hayan evaluado adecuadamente

C. Registrar e informar cambios seleccionados de estado

D. Planificar y gestionar el ciclo de vida completo de todos los activos de TI

3) ¿Cuál actividad es parte de la práctica de 'mejora continua'?

A. Identificar la causa de los incidentes y recomendar mejoras relacionadas

B. Autorizar cambios para implementar mejoras

C. Registrar y gestionar incidentes que resultan en oportunidades de mejora

D. Elaborar casos de negocio para acciones de mejora

4) En qué paso del 'modelo de mejora continua' se implementa un plan de mejora.

A. ¿Cuál es la visión?

B. ¿Cómo llegamos allí?

C. Tomar medidas

D. ¿Hemos llegado?

5) ¿Cuál es el MEJOR ejemplo de un cambio estándar?

A. La revisión y autorización de un cambio solicitado por un cliente

B. La implementación de un parche crítico de software en respuesta a un problema de seguridad del proveedor

C. La instalación de una aplicación de software en respuesta a una solicitud de servicio

D. El reemplazo de un componente en respuesta a un incidente importante

6) ¿Cuál afirmación sobre la automatización de solicitudes de servicio es CORRECTA?

A. Las solicitudes de servicio que no se pueden automatizar deben manejarse como incidentes

B. Las solicitudes de servicio y su cumplimiento deben automatizarse tanto como sea posible

C. Las solicitudes de servicio que no se pueden automatizar deben manejarse como problemas

D. Las solicitudes de servicio y su cumplimiento deben ser realizadas por el personal de la mesa de servicio sin automatización

7) ¿Cuál puede actuar como un modelo operativo para una organización?

A. Las cuatro dimensiones de la gestión de servicios

B. La cadena de valor del servicio

C. Los principios rectores de ITIL

D. Mejora continua

8) ¿Qué práctica recomienda el uso de encuestas basadas en eventos para recopilar comentarios de los clientes?

A. Gestión de nivel de servicio

B. Facilitación del cambio

C. Gestión de solicitudes de servicio

D. Gestión de problemas

9) ¿Cuál afirmación sobre las autoridades de cambio es CORRECTA?

A. Las autoridades de cambio solo son necesarias para autorizar cambios de emergencia

B. Las autoridades de cambio se asignan cuando se implementa cada cambio

C. Las autoridades de cambio solo son necesarias para autorizar cambios normales

D. Las autoridades de cambio se asignan para cada tipo de cambio y modelo de cambio

10) ¿Cuál práctica mejora la satisfacción del cliente y del usuario al reducir el impacto negativo de las interrupciones del servicio?

A. Gestión de solicitudes de servicio

B. Gestión de nivel de servicio

C. Gestión de incidentes

D. Facilitación del cambio

11) ¿Cuál NO se manejará como una solicitud de servicio?

A. La degradación de un servicio

B. El reemplazo de un cartucho de tóner

C. La provisión de una computadora portátil

D. Una queja sobre un equipo de soporte

12) Una oferta de servicio puede incluir bienes, acceso a recursos y acciones de servicio.

¿Cuál es un ejemplo de una acción de servicio?

A. Un teléfono móvil permite a un usuario trabajar de forma remota

B. Una contraseña permite a un usuario conectarse a una red WiFi

C. Una licencia permite a un usuario instalar un producto de software

D. Un agente de servicio al cliente proporciona soporte a un usuario

13) ¿Cuál describe un enfoque CORRECTO para la autorización de cambios?

A. Los cambios incluidos en el cronograma de cambios están preautorizados y no requieren autorización adicional.

B. Los cambios normales deben evaluarse y autorizarse antes de implementarse.

C. Los cambios de emergencia deben ser autorizados por la mayor cantidad posible de personas para reducir el riesgo.

D. Los cambios normales se implementan típicamente como solicitudes de servicio y son autorizados por el servicio de asistencia.

14) ¿Cuál afirmación sobre una secuencia de valor de servicio es CORRECTA?

A. Utiliza entradas y salidas prescriptivas.

B. Es una actividad de cadena de valor.

C. Integra prácticas para un escenario específico.

D. Se utiliza para proporcionar gobernanza.

15) ¿Cuál afirmación sobre las salidas es CORRECTA?

A. Consisten en varios resultados.

B. Capturan la demanda del cliente de servicios.

C. Contribuyen al logro de resultados.

D. Describen cómo funciona el servicio.

16) ¿Cuál es un ejemplo de una medida relacionada con el negocio?

A. El número de pasajeros registrados.

B. El tiempo promedio para responder a las solicitudes de cambio.

C. El tiempo promedio de resolución de incidentes.

D. El número de problemas resueltos.

17) ¿Cuál describe MEJOR el propósito de la actividad de cadena de valor 'mejorar'?

A. Organizar una importante iniciativa de mejora en varias iniciativas más pequeñas.

B. Poner a disposición servicios y características nuevas y mejoradas para su uso.

C. Asegurar una comprensión compartida de la visión y la dirección de mejora para todos los productos y servicios.

D. Mejorar continuamente todos los productos y servicios en todas las actividades de la cadena de valor.

18) ¿Cuál incluye gobernanza, prácticas de gestión y mejora continua?

A. El sistema de valor de servicio.

B. La actividad de cadena de valor 'entregar y apoyar'.

C. El principio rector 'enfocarse en el valor'.

D. La dimensión 'flujo de valor y procesos'.

19) ¿Cuál es la definición de un problema?

A. Una interrupción no planificada de un servicio o una reducción en la calidad de un servicio.

B. Una causa o causa potencial de uno o más incidentes.

C. Un incidente para el cual aún no hay una resolución completa disponible.

D. Cualquier cambio de estado que tenga importancia para la gestión de un elemento de configuración (CI).

20) ¿Qué práctica proporciona un punto de comunicación para que los usuarios informen problemas operativos, consultas y solicitudes?

A. Gestión de incidentes.

B. Mejora continua.

C. Servicio de asistencia.

D. Gestión de relaciones.

21) ¿Cuál de las dimensiones se preocupa MÁS por habilidades, competencias, roles y responsabilidades?

A. Organizaciones y personas

B. Información y tecnología

C. Socios y proveedores

D. Flujos de valor y procesos

22) Una organización solicita a un interesado que revise un cambio planificado. ¿Qué principio rector demuestra esto?

A. Colaborar y promover visibilidad

B. Comenzar donde estás

C. Enfocarse en el valor

D. Mantenerlo simple y práctico

23) ¿Qué práctica tiene una fuerte influencia en la experiencia del usuario y la percepción del proveedor de servicios?

A. Mesa de servicio

B. Facilitación de cambios

C. Gestión de niveles de servicio

D. Gestión de proveedores

24) ¿Cuál afirmación sobre las solicitudes de servicio es CORRECTA?

A. Las solicitudes de servicio complejas deben tratarse como cambios normales.

B. Las solicitudes de servicio que requieren flujos de trabajo simples deben tratarse como incidentes.

C. Las solicitudes de servicio requieren flujos de trabajo que deben utilizar procedimientos manuales y evitar la automatización.

D. Las solicitudes de servicio suelen formalizarse utilizando procedimientos estándar para la iniciación, aprobación y cumplimiento.

25) ¿Qué práctica es responsable de trasladar componentes nuevos o modificados a entornos en vivo u otros entornos?

A. Gestión de versiones

B. Gestión de implementación

C. Facilitación de cambios

D. Gestión de proveedores

26) ¿En cuál dimensión se centra en las relaciones con otras organizaciones que están involucradas en el diseño, desarrollo, implementación y entrega de servicios?

A. Organizaciones y personas

B. Información y tecnología

C. Socios y proveedores

D. Flujos de valor y procesos

27) ¿Cuál de estas actividades se lleva a cabo como parte de la 'gestión de problemas'?

A. Crear registros de incidentes

B. Diagnosticar y resolver incidentes

C. Escalar incidentes a un equipo de soporte para su resolución

D. Análisis de tendencias de registros de incidentes

28) ¿Qué se debe hacer siempre antes de que una

actividad se automatice?

A. Verificar que la actividad ya se haya optimizado.

B. Verificar que se haya comprado la tecnología nueva adecuada.

C. Asegurarse de que DevOps se haya implementado con éxito.

D. Asegurarse de que la solución elimine la necesidad de intervención humana.

29) ¿Para qué se utiliza PRINCIPALMENTE un programa de cambios?

A. Para ayudar a planificar cambios de emergencia.

B. Para ayudar a autorizar cambios estándar.

C. Para ayudar a asignar una autoridad de cambio.

D. Para ayudar a gestionar cambios normales.

30) ¿Qué rol aprueba el costo de los servicios?

A. Usuario

B. Autoridad de cambio

C. Patrocinador

D. Cliente

31) ¿Qué acciones realiza un servicio de asistencia para todos los problemas, consultas y solicitudes que se les informan?

A. Programar, evaluar, autorizar

B. Diagnosticar, investigar, resolver

C. Iniciar, aprobar, cumplir

D. Reconocer, clasificar, poseer

32) ¿Cuál describe la utilidad de un servicio?

A. Un servicio que es apto para su uso

B. Un servicio que cumple con sus objetivos de nivel de servicio

C. Un servicio que aumenta las restricciones en el consumidor

D. Un servicio que respalda el rendimiento del consumidor

33) ¿Qué se incluye en el propósito de la práctica de 'gestión de niveles de servicio'?

A. Maximizar la cantidad de cambios exitosos en servicios y productos

B. Asegurar que haya información precisa sobre la configuración de los servicios disponible

C. Establecer objetivos claros basados en el negocio para los niveles de servicio

D. Asegurar que los proveedores y su rendimiento se gestionen adecuadamente

34) ¿Qué suele requerir un equipo de representantes de muchos grupos de interés?

A. Cumplir con una solicitud de servicio

B. Autorizar un cambio de emergencia

C. Registrar un nuevo problema

D. Investigar un incidente importante

35) ¿Qué actividad de cadena de valor garantiza que los componentes del servicio cumplan con las especificaciones acordadas?

A. Planificar

B. Diseñar e implementar

C. Obtener/construir

D. Entregar y apoyar

36) ¿Qué incluye la gobernanza como componente?

A. Prácticas

B. La cadena de valor del servicio

C. El sistema de valor del servicio

D. Los principios rectores

37) ¿Qué práctica necesita personas que comprendan sistemas complejos y tengan habilidades creativas y analíticas?

A. Facilitación de cambios

B. Gestión de niveles de servicio

C. Gestión de solicitudes de servicio

D. Gestión de problemas

38) ¿Cuál es la definición de un error conocido?

A. Una interrupción no planificada de un servicio o

una reducción en la calidad de un servicio

B. Una causa o causa potencial de uno o más incidentes

C. Un problema que ha sido analizado y no se ha resuelto

D. Cualquier cambio de estado que tenga importancia para la gestión de un servicio o de otro elemento de configuración (CI "Configuration Item")

39) ¿Cuál de los principios rectores se ocupa PRINCIPALMENTE de la entrega de servicios de extremo a extremo?

A. Enfocarse en el valor

B. Pensar y trabajar de manera integral

C. Optimizar y automatizar

D. Colaborar y promover visibilidad

40) ¿Qué se reconoce típicamente a través de notificaciones creadas por un servicio de TI, CI o herramienta de monitoreo?

A. Incidentes

B. Problemas

C. Eventos

D. Solicitudes

RESPUESTAS Y EXPLICACIÓN

1) B

Las palabras faltantes en la oración son:

B. un rol (A role)

En la oración "Un usuario es [?] que utiliza servicios", la palabra que falta debe completar la descripción de qué es un usuario. La opción que proporciona la descripción adecuada es "un rol". Por lo tanto, la oración completa sería "Un usuario es un rol que utiliza servicios". En este contexto, se está destacando que un usuario no se refiere necesariamente a una entidad específica como una organización, un equipo o un proveedor, sino más bien al papel o función que desempeña una persona u entidad al utilizar servicios.

Roles: Consumidor de servicios y Proveedor de servicios.

El usuario pertenece al consumidor del servicio.

2.2.2 Consumidores de servicios.

Usuario: El rol que utiliza los servicios.

2) B

La respuesta correcta es la opción B.

B. Asegurar que los riesgos se hayan evaluado adecuadamente.

(Ensure that risks have been properly assessed)

La práctica de 'Facilitación del cambio' tiene como propósito asegurar que los riesgos se hayan evaluado adecuadamente al implementar cambios en los servicios. La evaluación adecuada de riesgos es una parte integral de garantizar la integridad y la estabilidad del entorno de servicio durante y después de los cambios.

A. Hacer que los servicios nuevos y modificados estén disponibles para su uso = gestión de versiones.

B. Garantizar que los riesgos se hayan evaluado adecuadamente = habilitación del cambio.

C. Registrar e informar cambios de estado seleccionados = monitoreo y gestión de eventos.

D. Planificar y gestionar el ciclo de vida completo de todos los activos de TI = gestión de activos de TI.

5.2.4 Habilitación de cambios

El propósito de la práctica de habilitación de cambios es maximizar la cantidad de cambios exitosos en servicios y productos garantizando que los riesgos se hayan evaluado adecuadamente, autorizando que se realicen los cambios y gestionando el cronograma de cambios.

3) D

La actividad que es parte de la práctica de 'mejora continua' y coincide con la opción D es:

D. Elaborar casos de negocio para acciones de mejora.

(Making business cases for improvement action)

La elaboración de casos de negocio para acciones de mejora implica justificar y documentar las razones comerciales detrás de las iniciativas de mejora propuestas. Esto es parte del proceso de planificación y justificación para implementar mejoras en los servicios y procesos.

Las actividades clave que forman parte de las

prácticas de mejora continua incluyen:

- Fomentar la mejora continua en toda la organización.
- asegurar tiempo y presupuesto para la mejora continua.
- identificar y registrar oportunidades de mejora.
- Evaluar y priorizar oportunidades de mejora.
- presentar casos de negocio para acciones de mejora.
- planificar e implementar mejoras.
- medir y evaluar los resultados de mejora.
- Coordinar actividades de mejora en toda la organización.

4) C

En el 'modelo de mejora continua', el paso en el cual se implementa un plan de mejora es:

C. Tomar medidas (Take action)

La implementación de un plan de mejora ocurre en el paso "Tomar medidas" del modelo de mejora continua. Después de identificar oportunidades de mejora, desarrollar un plan y obtener la aprobación necesaria, se lleva a cabo la implementación efectiva de las acciones planificadas para mejorar los servicios y procesos.

Es una pregunta capciosa y no se trata de PLANIFICAR ni de cómo planificar ni cuándo planificar. ¡Se trata de cuándo implementar un plan! Entonces la respuesta es C. Vea la lógica de ITIL V4:

4.6.1.4 Paso 4: ¿Cómo llegamos allí? Se puede crear un plan para abordar los desafíos de la iniciativa. El plan para el Paso 4 puede ser una ruta sencilla y directa para completar una única mejora simple, o puede ser más complicado.

4.6.1.5 Paso 5: Tomar medidas: En el Paso 5 se actúa sobre el plan de mejora. Esto podría implicar un enfoque tradicional en forma de cascada, pero podría ser más apropiado seguir un enfoque ágil experimentando, iterando, cambiando direcciones o incluso volviendo a pasos anteriores.

5) C

El MEJOR ejemplo de un cambio estándar es:

C. La instalación de una aplicación de software en respuesta a una solicitud de servicio.

(The installation of a software application in response to a service request)

Un cambio estándar se refiere a un tipo de cambio preaprobado y rutinario que sigue un conjunto establecido de procedimientos y no requiere una evaluación detallada o autorización adicional. La instalación de una aplicación de software en respuesta a una solicitud de servicio es un ejemplo típico de un cambio estándar, ya que es una actividad planificada y de rutina que sigue un proceso predefinido y no implica un riesgo significativo.

Un cambio estándar es un tipo de cambio preautorizado y rutinario, con un proceso de ejecución bien definido, que tiene un bajo nivel de riesgo y ha sido aprobado con antelación. Por lo general, se utiliza para cambios que son repetitivos, de bajo impacto y que han demostrado ser exitosos a través de la experiencia.

5.2.4 Habilitación de cambios:

Cambios estándar: se trata de cambios preautorizados de bajo riesgo que se comprenden bien y están completamente documentados, y que pueden implementarse sin necesidad de autorización adicional. A menudo se inician como solicitudes de servicio, pero también pueden ser cambios operativos. Cuando se crea o modifica el procedimiento para un cambio de norma, debe haber una evaluación de riesgos completa y una autorización como para cualquier otro cambio. No es necesario repetir esta evaluación de riesgos cada vez que se implementa el cambio estándar; sólo es necesario hacerlo si hay una modificación en la forma en que se lleva a cabo.

6) B

La afirmación CORRECTA sobre la automatización de solicitudes de servicio es:

B. Las solicitudes de servicio y su cumplimiento deben automatizarse tanto como sea posible.

(Service requests and their fulfilment should be automated as much as possible)

Automatizar las solicitudes de servicio y su cumplimiento en la medida de lo posible es una práctica eficiente para mejorar la eficacia y la velocidad en la gestión de servicios. La automatización puede agilizar procesos y reducir la carga manual, permitiendo una respuesta más rápida y eficiente a las solicitudes de servicio.

5.2.16 - gestión de solicitudes de servicios - Las solicitudes de servicios y su cumplimiento deben estandarizarse y automatizarse en la mayor medida posible.

7) B

La opción correcta es:

B. La cadena de valor del servicio.

(The service value chain)

La cadena de valor del servicio en ITIL proporciona un modelo operativo que representa las actividades necesarias para proporcionar servicios de valor a los clientes. Este modelo incluye actividades desde la concepción de servicios hasta su entrega y soporte. La cadena de valor del servicio puede actuar como un marco para guiar la planificación, la ejecución y la mejora continua de los servicios en una organización.

1.3.1 El SVS de ITIL:

La cadena de valor del servicio ITIL proporciona un modelo operativo para la creación, entrega y mejora continua de servicios.

8) A

La práctica que recomienda el uso de encuestas basadas en eventos para recopilar comentarios de los clientes es:

A. Gestión de nivel de servicio.

(Service level management)

La gestión de nivel de servicio busca garantizar que los servicios se entreguen de acuerdo con los acuerdos de nivel de servicio (SLA) y satisface las expectativas del cliente. Las encuestas basadas en eventos, como encuestas después de la resolución de incidentes o cumplimiento de solicitudes, son una forma de recopilar comentarios valiosos de los clientes y evaluar la satisfacción del servicio.

5.2.15.1 Acuerdos de nivel de servicio:

Encuestas Pueden ser desde retroalimentación inmediata, como preguntas de seguimiento a incidentes, o desde encuestas periódicas más reflexivas que miden la retroalimentación sobre la experiencia general del servicio. Ambos se basan en eventos.

9) D

La afirmación CORRECTA sobre las autoridades de cambio es:

D. Las autoridades de cambio se asignan para cada tipo de cambio y modelo de cambio.

(Change authorities are assigned for each type of change and change model)

Las autoridades de cambio son responsables de

autorizar cambios en un entorno de servicios. La asignación de autoridades de cambio se realiza para cada tipo de cambio y modelo de cambio, y su propósito es asegurar que los cambios sean evaluados y autorizados por las personas adecuadas, de acuerdo con la naturaleza y el impacto del cambio.

10) C

La práctica que mejora la satisfacción del cliente y del usuario al reducir el impacto negativo de las interrupciones del servicio es:

C. Gestión de incidentes

(Incident management)

La gestión de incidentes se centra en minimizar el impacto negativo de las interrupciones del servicio restaurando la operación normal tan rápidamente como sea posible. Al abordar los incidentes de manera efectiva, se reduce el impacto en los usuarios y clientes, lo que contribuye a mejorar su satisfacción.

La gestión de incidentes garantiza una rápida restauración de los servicios.

5.2.5 en CBK, mensaje clave: El propósito de la

práctica de gestión de incidentes es minimizar el impacto negativo de los incidentes restableciendo la operación normal del servicio lo más rápido posible.

11) A

A. La degradación de un servicio.

(The degradation of a service)

La definición de incidente --> manejado por Gestión de Incidentes.

La degradación de un servicio se manejaría como un incidente, no como una solicitud de servicio.

5.2.16 Gestión de solicitudes de servicio:

Las solicitudes de servicio son una parte normal de la prestación del servicio y no constituyen una falla o degradación del servicio, que se manejan como incidentes.

12) D

Mis disculpas por la confusión. La respuesta correcta es:

D. Un agente de servicio al cliente proporciona soporte a un usuario.

(A service desk agent provides support to a user)

A. Un teléfono móvil permite al usuario trabajar de forma remota.

Bienes.

B. Una contraseña permite a un usuario conectarse a una red WiFi.

Acceso a recursos.

C. Una licencia permite a un usuario instalar un producto de software.

Acceso a recursos.

D. Un agente de la mesa de servicio brinda soporte a un usuario.

Acción de servicio.

13) B

La opción B describe un enfoque CORRECTO para la autorización de cambios. Aquí hay una explicación:

B. Los cambios normales deben evaluarse y autorizarse antes de implementarse.

(Normal changes should be assessed and authorized before they are deployed)

Esta afirmación respalda una práctica común en la gestión de cambios, que implica evaluar y obtener la autorización antes de implementar cambios normales en un entorno de servicios. La evaluación previa y la autorización aseguran que se hayan considerado los posibles impactos y riesgos asociados con el cambio, ayudando a prevenir problemas no deseados en la infraestructura o en los servicios.

En contraste, las otras opciones presentan enfoques que pueden no ser óptimos:

A. La preautorización de todos los cambios incluidos en el cronograma de cambios puede ser arriesgada, ya que algunos cambios pueden requerir una evaluación más detallada antes de la autorización.

C. Autorizar cambios de emergencia por la mayor cantidad posible de personas puede conducir a una falta de control y evaluación adecuada, aumentando el riesgo de errores.

D. Implementar cambios normales como solicitudes de servicio y autorizarlos a través del servicio de asistencia puede no ser la mejor práctica, ya que la autorización de cambios generalmente involucra la evaluación técnica y de riesgos por parte de partes especializadas antes de la implementación.

5.2.4 Habilitación de cambios:

Cambios normales: son cambios que deben programarse, evaluarse y autorizarse siguiendo un proceso. Los modelos de cambio basados en el tipo de cambio determinan los roles de evaluación y autorización.

14) C

Respuesta: C. Integra prácticas para un escenario específico.

(

Una secuencia de valor de servicio integra prácticas para un escenario específico. La secuencia de valor representa las etapas y actividades que proporcionan valor en un contexto particular. Mientras que las entradas y salidas pueden variar según el contexto, la integración de prácticas específicas para un escenario determinado es fundamental para lograr eficiencia y efectividad en la entrega de servicios. Las opciones A y D no son representativas de las características esenciales de una secuencia de valor de servicio, y la opción B confunde la secuencia de valor con la cadena de valor, que es una estructura más amplia que puede incluir varias secuencias de valor.

página 59: Para llevar a cabo una determinada tarea o responder a una situación particular, las organizaciones crean flujos de valor de servicios. Se trata de combinaciones específicas de actividades y prácticas, y cada una está diseñada para un escenario particular.

C es correcta ya que los flujos de valor del servicio son combinaciones específicas de actividades y prácticas, y cada una está diseñada para un escenario particular. (Sección 4.5 del libro Axelos)

"La definición de flujo de valor de ITIL 4 es "una serie de pasos que una organización emprende para crear y entregar productos y servicios a los consumidores", todos trabajando a lo largo de la cadena de valor del servicio (SVC) de ITIL 4".

fuente:

https://www.axelos.com/resource-hub/blog/itil-4-value-streams-doing-right-things-for-customers

15) C

Respuesta: C. Contribuyen al logro de resultados.

(They contribute to the achievement of outcomes)

2.5.1 - Resultados - Al actuar como proveedor de servicios, una organización produce productos que ayudan a sus consumidores a lograr ciertos resultados.

La afirmación correcta sobre las salidas es que contribuyen al logro de resultados. Las salidas de un proceso o actividad son los resultados producidos por esa acción y contribuyen al éxito general del proceso o servicio. Mientras que las opciones A y D podrían ser ciertas en algunos contextos, la opción C es más general y abarcativa, ya que destaca la contribución positiva de las salidas al logro de los objetivos y resultados deseados.

16) A

Respuesta: A. El número de pasajeros registrados.

(The number of passengers checked in)

Un ejemplo de medida relacionada con el negocio es el número de pasajeros registrados. Esta medida está directamente relacionada con el rendimiento y los objetivos del negocio, ya que puede ser un indicador clave para sectores como la aviación, el transporte público o la hospitalidad. Las otras opciones (B, C, y D) se centran más en métricas de rendimiento operativo o de servicios específicos, no directamente vinculadas al rendimiento general del negocio.

17) D

Respuesta: D. Mejorar continuamente todos los productos y servicios en todas las actividades de la cadena de valor.

(To continually improve all products and services across all value chain activities)

La descripción que MEJOR se ajusta al propósito de la actividad de cadena de valor 'mejorar' es la opción D. La actividad de mejorar tiene como objetivo la mejora continua de todos los productos y servicios en todas las actividades de la cadena de valor. Esta opción refleja la idea central de la mejora continua en la entrega de productos y servicios a lo largo de toda la cadena de valor. Las otras opciones abordan aspectos importantes, pero no capturan completamente el propósito específico de la actividad de mejorar.

mejorar:

La actividad de la cadena de valor que garantiza la mejora continua de productos, servicios y prácticas en todas las actividades de la cadena de valor y las cuatro dimensiones de la gestión de servicios.

18) A

La respuesta correcta es:

A. El sistema de valor de servicio.

(The service value system)

El sistema de valor de servicio incluye gobernanza, prácticas de gestión y mejora continua, así como otras componentes y dimensiones que contribuyen a la entrega de valor en el contexto de la gestión de servicios. La opción A refleja correctamente la inclusión de estos elementos dentro del sistema de valor de servicio.

Service Value System describe cómo todos los componentes y actividades de la organización trabajan juntos como un sistema para permitir la creación de valor.

19) B

B. Una causa o causa potencial de uno o más incidentes.

(A cause, or potential cause, of one or more incidents)

La definición de un problema en la gestión de

servicios es que es una causa o una causa potencial de uno o más incidentes. Un problema es identificado y gestionado para prevenir futuros incidentes asociados con esa causa subyacente. Las otras opciones describen conceptos relacionados con la gestión de servicios, pero la definición precisa de un problema es la proporcionada en la opción B.

20) C

C. Servicio de asistencia.

(Service desk)

La práctica que proporciona un punto de comunicación para que los usuarios informen problemas operativos, consultas y solicitudes es el Servicio de Asistencia. El servicio de asistencia, también conocido como el "Service Desk" en inglés, es el punto central de contacto entre los usuarios y el departamento de TI. Su función principal es recibir, registrar y gestionar las solicitudes de servicio, incluyendo la gestión de incidentes, problemas, consultas y solicitudes.

5.2.14 Mesa de servicio:

Las mesas de servicio brindan una ruta clara para que los usuarios informen problemas, consultas y solicitudes, y los reconozcan, clasifiquen, posean y tomen medidas.

21) A

A. Organizaciones y personas

(Organizations and people)

La dimensión que se preocupa más por habilidades, competencias, roles y responsabilidades es "Organizaciones y personas". Esta dimensión se centra en la gestión de la organización, la cultura, las competencias del personal y los roles y responsabilidades dentro del contexto de la entrega de servicios.

3.1 Organizaciones y personas:

La complejidad de las organizaciones está creciendo y es importante garantizar que la forma en que se estructura y gestiona una organización, así como sus funciones, responsabilidades y sistemas de autoridad y comunicación, esté bien definida y respalde su estrategia general y su modelo operativo.

22) A

A. Colaborar y promover visibilidad

(Collaborate and promote visibility)

Cuando una organización solicita a un interesado que revise un cambio planificado, demuestra el principio rector de "Colaborar y promover visibilidad". Este principio enfatiza la importancia de la colaboración y la transparencia en la toma de decisiones, lo cual se refleja al involucrar a las partes interesadas y promover la visibilidad en el proceso de revisión de cambios planificados.

23) A

A. Mesa de servicio

(Service desk)

La práctica que tiene una fuerte influencia en la experiencia del usuario y la percepción del proveedor de servicios es la Mesa de Servicio (Service Desk). La mesa de servicio es el punto de contacto principal entre los usuarios y el proveedor de servicios. Proporciona soporte y resuelve incidentes y solicitudes de servicio, desempeñando un papel crucial en la satisfacción del usuario y en la percepción general de la calidad del servicio.

5.2.14: También es esencial comprender que la

mesa de servicio tiene una gran influencia en la experiencia del usuario y en cómo los usuarios perciben al proveedor de servicios.

24) D

D. Las solicitudes de servicio suelen formalizarse utilizando procedimientos estándar para la iniciación, aprobación y cumplimiento.

(Service requests are usually formalized using standard procedures for initiation, approval and fulfilment)

Esta afirmación es correcta. Las solicitudes de servicio suelen seguir procedimientos estándar para su manejo, lo que incluye la iniciación, la aprobación y el cumplimiento. Estos procedimientos estandarizados ayudan a garantizar una gestión eficiente y consistente de las solicitudes de servicio, contribuyendo a la efectividad y eficacia en la entrega de servicios.

Dado que las solicitudes de servicio están predefinidas y acordadas como parte normal de la prestación del servicio, normalmente pueden formalizarse, con un procedimiento claro y estándar para su inicio, aprobación, cumplimiento y gestión. Algunas solicitudes de servicio tienen flujos de trabajo muy simples, como una solicitud de información.

25) B

B. Gestión de implementación

(Deployment management)

La práctica responsable de trasladar componentes nuevos o modificados a entornos en vivo u otros entornos es la Gestión de Implementación. Esta práctica se centra en planificar y gestionar la implementación de cambios en el entorno de producción o en otros entornos específicos, asegurando una transición suave y exitosa de los nuevos o modificados componentes.

El propósito de la práctica de gestión de implementación es mover hardware, software, documentación, procesos o cualquier otro componente nuevo o modificado a entornos activos. También puede participar en la implementación de componentes en otros entornos para pruebas o puesta en escena.

26) C

C. Socios y proveedores

(Partners and suppliers)

La dimensión que se centra en las relaciones con otras organizaciones que están involucradas en el diseño, desarrollo, implementación y entrega de servicios es "Socios y proveedores". Esta dimensión aborda la colaboración y la gestión de relaciones con entidades externas que desempeñan un papel crucial en el ciclo de vida de los servicios, como proveedores externos y socios comerciales.

3.3 Socios y proveedores:

La dimensión de socios y proveedores abarca las relaciones de una organización con otras organizaciones que participan en el diseño, desarrollo, implementación, entrega, soporte y/o mejora continua de los servicios. También incorpora contratos y otros acuerdos entre la organización y sus socios o proveedores.

27) D

D. Análisis de tendencias de registros de incidentes

(Trend analysis of incident records)

La actividad que se lleva a cabo como parte de la 'gestión de problemas' es el Análisis de tendencias de registros de incidentes. La gestión de problemas se centra en la identificación de las causas subyacentes de los incidentes recurrentes y en la prevención de futuros incidentes similares. El análisis de tendencias de registros de incidentes es esencial para identificar patrones y tendencias que pueden indicar problemas subyacentes que necesitan ser abordados.

5.2.8: Gestión de problemas: las actividades de identificación de problemas identifican y registran problemas. Estos incluyen: realizar análisis de tendencias de registros de incidents.

28) A

A. Verificar que la actividad ya se haya optimizado.

(Check that the activity has already been optimized)

Antes de que una actividad se automatice, es importante verificar que la actividad ya se haya optimizado. La automatización de una actividad sin optimizar previamente puede llevar a la automatización de procesos ineficientes. Es fundamental revisar y mejorar los procesos antes de introducir la automatización para garantizar la eficacia y eficiencia del flujo de trabajo automatizado.

4.3.7 Optimizar y automatizar:

Optimización significa hacer que algo sea tan efectivo y útil como debe ser. Antes de que una actividad pueda automatizarse eficazmente, debe optimizarse en la medida que sea posible y razonable.

29) D

Cambio estándar: preaprobado.

Cambio de emergencia: no es necesario discutirlo en una llamada programada, es urgente.

Cambio normal: normalmente evaluado en la convocatoria con autoridad de cambio.

El cronograma de cambios se utiliza para ayudar a planificar cambios, ayudar en la comunicación, evitar conflictos y asignar recursos.

Para ayudar a gestionar los cambios normales. Un cronograma de cambios es una herramienta utilizada en la gestión de cambios de ITIL para ayudar a gestionar los cambios normales en la infraestructura y los servicios de TI. Proporciona un enfoque estructurado para planificar, revisar e implementar cambios y se utiliza para coordinar cambios, minimizar el riesgo de interrupción y garantizar que los cambios se realicen de manera consistente y controlada. El cronograma de cambios se usa principalmente para gestionar cambios normales, aunque también puede usarse para ayudar a planificar cambios de emergencia. Otras actividades en la gestión de cambios incluyen la evaluación y aprobación de cambios, la implementación y prueba de cambios, y la evaluación y cierre de cambios.

30) C

C. Patrocinador

(Sponsor)

El rol que aprueba el costo de los servicios es el Patrocinador. El patrocinador es típicamente un individuo con autoridad y responsabilidad en la toma de decisiones a nivel ejecutivo en la organización. Este rol puede aprobar presupuestos y costos asociados con la prestación de servicios.

El patrocinador es el rol responsable de aprobar el costo de los servicios. Tienen la autoridad para revisar y autorizar los aspectos financieros relacionados con la prestación y operación continua de los servicios. El patrocinador garantiza que los costos asociados con la prestación de servicios se alineen con el presupuesto general y los objetivos estratégicos de la organización.

31) D

D. Reconocer, clasificar, poseer

(Initiate, approve, fulfil)

Un servicio de asistencia realiza las siguientes acciones para todos los problemas, consultas y solicitudes que se les informan:

Reconocer: Reconocer que se ha recibido una notificación o solicitud.

Clasificar: Clasificar la naturaleza del problema, consulta o solicitud.

Poseer: Tomar posesión y responsabilidad del asunto para su gestión y resolución.

Estas acciones son parte del proceso inicial de gestión de incidentes y solicitudes en un servicio de asistencia.

"Service Desk" proporciona una ruta clara para que los usuarios informen problemas, consultas y solicitudes, y los reconozcan, clasifiquen, posean y tomen medidas.

5.2.14 / pág. 149:

Las mesas de servicio brindan una ruta clara para que los usuarios informen problemas, consultas y solicitudes, y los reconozcan, clasifiquen, posean y tomen medidas. La forma en que se gestiona y aplica esta práctica puede variar desde un equipo físico de personas que trabajan por turnos hasta una combinación distribuida de personas conectadas virtualmente, o tecnología automatizada y bots. La función y el valor siguen siendo los mismos, independientemente del modelo.

32) D

D. Un servicio que respalda el rendimiento del consumidor.

(A service that supports the performance of the consumer)

La descripción de la utilidad de un servicio es que es un servicio que respalda el rendimiento del consumidor. La utilidad de un servicio se relaciona con la capacidad del servicio para contribuir al logro de los resultados deseados por el consumidor, y respaldar su rendimiento y objetivos.

Para tener utilidad, un servicio debe respaldar el desempeño del consumidor y/o eliminar restricciones del consumidor.

A. Un servicio apto para su uso.

Garantía.

B. Un servicio que cumple con sus objetivos de nivel de servicio.

Gestión del nivel de servicio.

C. Un servicio que aumenta las limitaciones del consumidor.

Equivocado. La utilidad elimina las limitaciones del consumidor.

D. Un servicio que respalde el desempeño del consumidor.

Utilidad.

33) C

C. Establecer objetivos claros basados en el negocio para los niveles de servicio.

(To set clear business-based targets for service levels)

El propósito de la práctica de 'gestión de niveles de servicio' incluye establecer objetivos claros basados en el negocio para los niveles de servicio. Esta práctica se enfoca en definir, acordar, monitorear y gestionar los niveles de servicio para asegurar que cumplan con las expectativas y necesidades del negocio. Establecer objetivos claros es esencial para alinear los servicios de TI con los objetivos y prioridades del negocio.

A. Maximizar el número de cambios exitosos en servicios y productos = habilitación del cambio.

B. Para garantizar que esté disponible información precisa sobre la configuración de los servicios = gestión de la configuración del servicio.

C. Establecer objetivos empresariales claros para los niveles de servicio = nivel de servicio.

D. Garantizar que los proveedores y su desempeño se gestionen adecuadamente = gestión de proveedores.

34) D

D. Investigar un incidente importante.

(Investigating a major incident)

Lo que suele requerir un equipo de representantes de muchos grupos de interés es Investigar un incidente importante. La investigación de un incidente importante implica la colaboración de personas de diferentes áreas o grupos de interés para comprender y abordar la causa subyacente del incidente y evitar recurrencias. Esta tarea a menudo involucra la experiencia y conocimientos de múltiples partes interesadas para resolver el incidente de manera efectiva.

"y todos los incidentes importantes, a menudo requieren que un equipo temporal trabaje en conjunto para identificar la resolución. Este equipo puede incluir representantes de muchas partes interesadas, incluido el proveedor de servicios, los proveedores, los usuarios y otros".

35) C

C. Obtener/construir

(Obtain/build)

La actividad de la cadena de valor "Obtener/construir" es la que garantiza que los componentes del servicio cumplan con las especificaciones acordadas. Esta fase implica la adquisición o construcción de los componentes necesarios para proporcionar el servicio de acuerdo con las especificaciones establecidas durante la fase de diseño. Nuevamente, lamento la confusión en la respuesta anterior.

Compara lo siguiente:

Obtener/Construir

El propósito de esta actividad de la cadena de valor es garantizar que los componentes del servicio estén disponibles cuando y donde se necesiten y cumplan con las especificaciones acordadas.

Entrega y soporte

El propósito de esta actividad de la cadena de valor es garantizar que los servicios se entreguen y respalden de acuerdo con las especificaciones acordadas y las expectativas de las partes interesadas.

La actividad de obtención/construcción es responsable de garantizar que todos los componentes del servicio estén disponibles cuando y donde se necesiten, y que cumplan con las especificaciones acordadas.

https://www.beyond20.com/blog/what-is-the-itil-4-service-value-chain/

36) C

C. El sistema de valor del servicio

(The service value system)

La gobernanza incluye el sistema de valor del servicio como componente. La gobernanza en el contexto de ITIL 4 está integrada en el sistema de valor del servicio y abarca todo el ciclo de vida del servicio. Nuevamente, lamento la confusión en la respuesta anterior.

La gobernanza es uno de los cinco componentes que conforman el sistema de valores del servicio.

Principios rectores:

Recomendaciones que pueden guiar a una organización en todas las circunstancias, independientemente de cambios en sus objetivos, estrategias, tipo de trabajo o estructura de gestión.

Gobernancia:

Los medios por los cuales una organización es dirigida y controlada.

Cadena de valor del servicio:

Conjunto de actividades interconectadas que realiza una organización para entregar un producto o servicio valioso a sus consumidores y facilitar la realización de valor.

Prácticas:

Conjuntos de recursos organizacionales diseñados para realizar un trabajo o lograr un objetivo.

Mejora continua:

Una actividad organizacional recurrente realizada en todos los niveles para garantizar que el desempeño de una organización cumpla continuamente con las expectativas de las partes interesadas.

Fuente:

https://www.bmc.com/blogs/itil-service-value-system/#:~:text=What%20is%20the%20ITIL%20service,SVS%20are%20opportunity%20and%20demand.

37) D

D. Gestión de problemas

(Problem management)

La práctica que necesita personas que comprendan sistemas complejos y tengan habilidades creativas y analíticas es la Gestión de problemas. La gestión de problemas se centra en identificar y abordar las causas subyacentes de los incidentes para prevenir su recurrencia. Requiere un enfoque analítico y creativo para resolver problemas complejos y mejorar continuamente los servicios de TI.

5.2.8: Muchas actividades de gestión de problemas dependen del conocimiento y la experiencia del personal, en lugar de seguir procedimientos detallados. Las personas responsables de diagnosticar problemas a menudo necesitan la capacidad de comprender sistemas complejos y pensar en cómo se podrían haber producido las diferentes fallas. Desarrollar esta combinación de capacidad analítica y creativa requiere tutoría y tiempo, así como una formación adecuada.

38) C

C. Un problema que ha sido analizado y no se ha resuelto.

(A problem that has been analyzed and has not been resolved)

La definición de un error conocido es que es un problema que ha sido analizado y no se ha resuelto.

En otras palabras, se trata de un problema identificado para el cual se conoce la causa subyacente, pero aún no se ha implementado una solución.

La gestión de errores conocidos es crucial para proporcionar información a los equipos de soporte y a los usuarios sobre problemas conocidos y las posibles soluciones o contornos.

A. Una interrupción no planificada de un servicio, o reducción en la calidad de un servicio = incidente

B. Una causa, o causa potencial, de uno o más incidentes = problema

C. Un problema que ha sido analizado y no ha sido resuelto = error conocido

D. Cualquier cambio de estado que tenga importancia para la gestión de un servicio u otro elemento de configuración (CI "Configuration Item") = evento

39) B

B. Pensar y trabajar de manera integral

(Think and work holistically)

El principio rector que se ocupa PRINCIPALMENTE de la entrega de servicios de extremo a extremo es "Pensar y trabajar de manera integral".

Este principio enfatiza la importancia de considerar todos los componentes y las etapas del ciclo de vida del servicio para garantizar una entrega de servicios eficiente y sin fisuras.

Se centra en abordar los procesos y actividades de manera holística para lograr una perspectiva completa y una ejecución coherente.

4.3.5: Adoptar un enfoque holístico para la gestión de servicios incluye comprender cómo todas las partes de una organización trabajan juntas de manera integrada.

Requiere visibilidad de extremo a extremo de cómo se captura la demanda y se traduce en resultados.

En un sistema complejo, la alteración de un elemento puede afectar a otros y, cuando sea posible, estos impactos deben identificarse, analizarse y planificarse.

40) C

C. Eventos (Events)

Lo que se reconoce típicamente a través de notificaciones creadas por un servicio de TI, CI (Elemento de Configuración) o herramienta de monitoreo son eventos.

Los eventos son cambios de estado significativos que tienen relevancia para la gestión del servicio.

Estos eventos pueden ser notificados a través de alertas y notificaciones generadas por herramientas de monitoreo o sistemas de gestión de eventos.

Es importante tener en cuenta que mientras los eventos son notificaciones, no todos los eventos se convierten automáticamente en incidentes o problemas; algunos pueden ser normales o esperados.

5.2.7 Monitoreo y gestión de eventos:

Definición: evento

Cualquier cambio de estado que tenga importancia para la gestión de un servicio u otro elemento de configuración (CI "Configuration Item").

Los eventos generalmente se reconocen a través de notificaciones creadas por un servicio de TI, CI o herramienta de monitoreo.

El examen de fin de práctica II

EXAMEN DE PRÁCTICA III

1) ¿Qué dimensión considera la seguridad y privacidad de los datos?

A. Organizaciones y personas

B. Información y tecnología

C. Socios y proveedores

D. Flujos de valor y procesos

2) ¿Qué término se relaciona con niveles de servicio alineados con las necesidades de los consumidores de servicios?

A. Gestión de servicios

B. Garantía

C. Costo

D. Utilidad

3) ¿Cuál ayuda directamente con el diagnóstico y la resolución de incidentes simples?

A. Scripts para recopilar información del usuario

B. Uso de patrones de trabajo por turnos

C. Cumplimiento de solicitudes de servicio

D. Creación de un equipo temporal

4) ¿Qué son los principios rectores?

A. Un conjunto de actividades interconectadas que ayudan a una organización a ofrecer un servicio valioso

B. Una descripción de uno o más servicios que ayudan a abordar las necesidades de un grupo objetivo de consumidores

C. Un conjunto de capacidades organizativas especializadas para habilitar valor para los clientes

D. Recomendaciones que ayudan a una organización al adoptar un enfoque de gestión de servicios

5) ¿Cuál es el enfoque CORRECTO al aplicar el principio rector 'mantenlo simple y práctico'?

A. Agregar controles y métricas solo cuando sean necesarios

B. Diseñar controles y métricas primero, luego eliminar aquellos que no añaden valor

C. Diseñar controles y métricas y agregarlos individualmente hasta que todos estén implementados

D. Agregar solo controles y métricas que se requieren para el cumplimiento

6) ¿Cuál es el propósito de la práctica de 'gestión de problemas'?

A. Proteger la información necesaria para que la organización realice sus negocios

B. Reducir la probabilidad e impacto de incidentes identificando causas reales y potenciales de incidentes, y gestionando soluciones alternativas y errores conocidos

C. Alinear las prácticas y servicios de la organización con las cambiantes necesidades comerciales mediante la identificación y mejora continua de servicios

D. Minimizar el impacto negativo de los incidentes restaurando la operación normal del servicio lo más rápido posible

7) ¿Cuál práctica forma un vínculo entre el proveedor de servicios y los usuarios de servicios?

A. Facilitar el cambio

B. Gestión de niveles de servicio

C. Gestión de problemas

D. Mesa de servicio

8) ¿Cuál es un propósito de la gestión de versiones?

A. Proteger la información de la organización

B. Manejar solicitudes de servicio iniciadas por el usuario

C. Poner a disposición nuevos servicios y servicios modificados para su uso

D. Mover hardware y software a entornos en vivo

9) ¿Qué recomienda el principio rector 'progresar de manera iterativa con retroalimentación'?

A. Una evaluación del estado actual que se realiza al inicio de una iniciativa de mejora

B. La identificación de todas las partes interesadas al inicio de una iniciativa de mejora

C. Una iniciativa de mejora que se divide en varias secciones manejables

D. Una evaluación de cómo todas las partes de una organización afectarán una iniciativa de mejora

10) ¿Qué principio rector considera la experiencia del cliente y del usuario?

A. Colaborar y promover la visibilidad

B. Enfocarse en el valor

C. Comenzar donde estás

D. Mantenerlo simple y práctico

11) ¿Cuál afirmación sobre la práctica de 'facilitar el cambio' es CORRECTA?

A. Las solicitudes de servicio suelen ser cambios normales que se pueden implementar rápidamente sin autorización.

B. Los cambios de emergencia son cambios

que deben ser completamente probados y documentados antes de la implementación.

C. Los cambios estándar son cambios que deben ser programados, evaluados y autorizados siguiendo un proceso estándar.

D. Los cambios de emergencia son cambios que deben implementarse lo antes posible y, por lo tanto, la autorización se agiliza.

12) ¿Cuál es una actividad clave realizada en el paso '¿Llegamos?' del modelo de 'mejora continua'?

A. Definir objetivos medibles.

B. Realizar evaluaciones de referencia.

C. Ejecutar acciones de mejora.

D. Evaluar mediciones y métricas.

13) ¿Qué puede un servicio quitar del consumidor e imponer al consumidor?

A. Utilidad.

B. Activo.

C. Costo.

D. Resultado.

14) ¿En qué se enfoca PRINCIPALMENTE 'facilitar el cambio'?

A. Cambios en los niveles de servicio.

B. Cambios en productos y servicios.

C. Cambios en la estructura organizativa.

D. Cambios en habilidades y competencias.

15) ¿Qué se maneja como una solicitud de servicio?

A. Una investigación para identificar la causa de un incidente.

B. Un elogio sobre un equipo de soporte de TI.

C. La falla de un servicio de TI.

D. Un cambio de emergencia para implementar un parche de seguridad.

16) ¿Cuál es un requisito clave para un acuerdo de nivel de servicio (SLA "Service Level Agreement") exitoso?

A. Utilizar métricas individuales que se relacionen con el catálogo de servicios.

B. Utilizar métricas combinadas para relacionar el rendimiento con los resultados.

C. Utilizar métricas basadas en un solo sistema que se relacionen con los resultados.

D. Utilizar un acuerdo entre el proveedor de servicios y el proveedor de servicios.

17) ¿Qué considera la dimensión 'socios y proveedores'?

A. El uso de inteligencia artificial.

B. La definición de controles y procedimientos.

C. El uso de roles y responsabilidades formales.

D. Trabajar con un integrador para gestionar relaciones.

18) ¿Cuál práctica recomienda el uso de herramientas para la colaboración y la coincidencia automatizada de síntomas?

A. Gestión de problemas.

B. Gestión de niveles de servicio.

C. Gestión de incidentes.

D. Gestión de solicitudes de servicio.

19) ¿Qué práctica ayudaría a un usuario a obtener acceso a una aplicación que necesita usar?

A. Gestión de configuración de servicio.

B. Facilitar el cambio.

C. Gestión de solicitudes de servicio.

D. Gestión de niveles de servicio.

20) ¿Qué se utiliza para vincular actividades dentro de la cadena de valor del servicio?

A. Acuerdos de nivel de servicio.

B. Entradas, salidas y desencadenantes.

C. Oportunidad, demanda y valor.

D. Mesa de servicio.

21) ¿Cuáles dos prácticas utilizan soluciones temporales?

A. Facilitar el cambio y mejora continua

B. Facilitar el cambio y gestión de problemas

C. Gestión de problemas y gestión de incidentes

D. Gestión de incidentes y mejora continua

22) ¿Qué se incluye en el propósito de la actividad de la cadena de valor 'entregar y soportar'?

A. Satisfacer las expectativas de las partes interesadas con respecto al tiempo de lanzamiento al mercado

B. Comprender la visión de servicio de la organización

C. Comprender las necesidades de las partes interesadas

D. Proporcionar servicios según las especificaciones acordadas

23) ¿Cuáles son elementos del sistema de valor del servicio?

A. Provisión de servicios, consumo de servicios, gestión de relaciones de servicio

B. Gobierno, cadena de valor del servicio, prácticas

C. Resultados, utilidad, garantía

D. Valor del cliente, valor de las partes interesadas, organización

24) ¿Qué es un incidente?

A. La eliminación planificada de un elemento que podría afectar un servicio

B. Un resultado habilitado por uno o más productos

C. Un evento futuro posible que podría causar daño

D. Una interrupción del servicio resuelta mediante el uso de herramientas de autoayuda

25) ¿Qué se define como un cambio de estado que tiene importancia para la gestión de un servicio de TI?

A. Evento

B. Incidente

C. Problema

D. Error conocido

26) ¿Qué dimensión incluye el conocimiento necesario para la gestión de servicios?

A. Organizaciones y personas

B. Información y tecnología

C. Socios y proveedores

D. Flujos de valor y procesos

27) ¿Cuál es el uso PRINCIPAL de un cronograma de cambios?

A. Apoyar la práctica de 'gestión de incidentes' y la planificación de mejoras

B. Gestionar cambios de emergencia

C. Planificar cambios y ayudar a evitar conflictos

D. Gestionar cambios estándar

28) ¿Cuál principio rector se centra en reducir costos y errores humanos?

A. Enfocarse en el valor

B. Colaborar y promover la visibilidad

C. Optimizar y automatizar

D. Pensar y trabajar de manera holística

29) ¿Cuál principio rector ayuda a garantizar que cada esfuerzo de mejora tenga más enfoque y sea más fácil de mantener?

A. Comenzar donde estás

B. Colaborar y promover la visibilidad

C. Progresar de manera iterativa con retroalimentación

D. Pensar y trabajar de manera holística

30) ¿Cuál es una actividad clave llevada a cabo en el paso '¿Llegamos?' del modelo de 'mejora continua'?

A. Definir objetivos medibles

B. Realizar evaluaciones de referencia

C. Ejecutar acciones de mejora

D. Evaluar mediciones y métricas

31) ¿Qué es importante para un 'registro de mejora continua' (CIR "continual improvement register")?

A. Las ideas de mejora se documentan, evalúan y priorizan.

B. Las ideas de mejora de diversas fuentes se mantienen en un solo CIR.

C. Las ideas de mejora que no se están implementando de inmediato se eliminan del CIR.

D. Las ideas de mejora se prueban, financian y acuerdan.

32) ¿Cuál es un propósito de la práctica de 'gestión de niveles de servicio'?

A. Establecer y fomentar los vínculos entre la organización y sus partes interesadas.

B. Asegurar que los proveedores de la organización y su rendimiento se gestionen adecuadamente.

C. Apoyar la calidad acordada de un servicio mediante el manejo de todas las solicitudes de servicio iniciadas por el usuario.

D. Establecer objetivos claros basados en el negocio para los niveles de servicio.

3) ¿Qué describe los pasos necesarios para crear y entregar un servicio específico a un consumidor?

A. Gestión de servicios.

B. Prácticas.

C. Un flujo de valor.

D. Gestión de niveles de servicio.

34) ¿Cuál ayuda a gestionar un incidente cuando no está claro qué equipo de soporte debería trabajar en el incidente?

A. Planes de recuperación ante desastres.

B. Trabajo conjunto.

C. Tiempos de resolución objetivo.

D. Autoayuda.

35) ¿Cuál afirmación sobre la práctica de 'mejora continua' es CORRECTA?

A. La participación en la mejora continua debe limitarse a un pequeño equipo dedicado.

B. Es responsabilidad de la alta dirección autorizar iniciativas de mejora.

C. Debe proporcionarse formación a aquellos involucrados en la mejora continua.

D. Se debe mantener un solo registro de mejora continua por parte de la alta dirección.

36) ¿Qué desalienta el sistema de valores de servicio de ITIL?

A. Autoridades y responsabilidades coordinadas.

B. Silos organizativos.

C. Interfaces entre prácticas.

D. Agilidad organizativa.

37) Un SLA ("service level agreement") es un acuerdo de nivel de servicio. ¿Cuál describe el efecto 'sandía SLA'?

A. Un solo SLA define los niveles de servicio objetivo para múltiples clientes, por lo que cada cliente ve informes sobre las experiencias de otros clientes.

B. Las métricas en un SLA se centran en medidas internas, de modo que los informes muestran que todo está bien, mientras que el cliente no está satisfecho.

C. Los objetivos del SLA cambian muy frecuentemente, de modo que cada informe incluye nuevas medidas y no se pueden analizar las tendencias.

D. La introducción de SLAs para un servicio permite a los clientes ver que el proveedor de servicios está haciendo un trabajo realmente bueno, mejorando así la satisfacción.

38) ¿Qué práctica incluye realizar revisiones periódicas para asegurarse de que los servicios sigan siendo apropiados y relevantes?

A. Gestión de niveles de servicio.

B. Mesa de servicio.

C. Mejora continua.

D. Facilitación del cambio.

39) ¿Qué es un servicio?

A. Un posible evento que podría causar daño o pérdida, o dificultar el logro de objetivos.

B. Un medio para habilitar la co-creación de valor facilitando resultados que los clientes desean lograr, sin que el cliente tenga que gestionar costos y riesgos específicos.

C. Un entregable tangible o intangible de una actividad.

D. Actividades conjuntas realizadas por un proveedor de servicios y un consumidor de servicios para garantizar la co-creación continua de valor basada en ofertas de servicios acordadas y disponibles.

40) ¿Cuáles son DOS aspectos importantes de la práctica de 'gestión de solicitudes de servicio'?

Estandarización y automatización.

Proporcionar una variedad de canales de acceso.

Establecer una visión compartida de objetivos.

Políticas para aprobaciones.

A. 1 y 2.

B. 2 y 3.

C. 3 y 4.

D. 1 y 4.

RESPUESTAS Y EXPLICACIÓN

1) B

La dimensión que considera la seguridad y privacidad de los datos es:

B. Información y tecnología

(Information and technology)

La dimensión "Información y tecnología" se refiere a la gestión efectiva de la información y el uso de la tecnología para lograr los objetivos de la organización. En el contexto de la seguridad y privacidad de los datos, esta dimensión se centra en cómo se gestionan, almacenan, procesan y protegen los datos dentro de la organización. La seguridad de la información y la privacidad de los datos son aspectos críticos de esta dimensión, ya que implican la implementación de controles y prácticas para garantizar la confidencialidad, integridad y disponibilidad de la información, así como el cumplimiento de regulaciones y requisitos de privacidad. Por lo tanto, la respuesta correcta es la opción B, "Información y tecnología".

3.2 Información y tecnología:

Otras industrias o países pueden tener regulaciones que impongan restricciones a la recopilación y gestión de datos de corporaciones multinacionales. Por ejemplo, en Estados Unidos, la Ley de Responsabilidad y Portabilidad del Seguro Médico de 1996 proporciona disposiciones de seguridad y privacidad de datos para salvaguardar la información médica.

2) B

El término que se relaciona con niveles de servicio alineados con las necesidades de los consumidores de servicios es:

B. Garantía (Warranty)

2.5.4: La garantía a menudo se relaciona con niveles de servicio alineados con las necesidades de los consumidores de servicios. Esto puede basarse en un acuerdo formal o puede ser un mensaje de marketing o una imagen de marca.

La garantía responde a "cómo funciona el servicio"

o si un servicio es "apto para su uso". La garantía a menudo se relaciona con niveles de servicio alineados con las necesidades de los consumidores de servicios, como disponibilidad, capacidad, seguridad y continuidad.

3) A

La opción que ayuda directamente con el diagnóstico y la resolución de incidentes simples es:

A. Scripts para recopilar información del usuario.

(Scripts for collecting user information)

La opción A, "Scripts para recopilar información del usuario", se refiere a la utilización de scripts automatizados diseñados para recopilar información específica del usuario cuando se produce un incidente. Estos scripts pueden ayudar en el proceso de diagnóstico al proporcionar datos clave sobre el incidente de manera rápida y eficiente.

Cuando ocurre un incidente simple, a menudo es crucial recopilar información relevante para comprender la naturaleza del problema y tomar medidas correctivas. Los scripts de recopilación de información del usuario pueden realizar preguntas específicas, recopilar registros relevantes u obtener detalles necesarios para diagnosticar y resolver el incidente de manera más eficaz.

Por lo tanto, la opción A es la que directamente asiste con el diagnóstico y la resolución de incidentes simples al facilitar la recopilación de información esencial del usuario.

5.2.5 /pág. 123

Debería haber un proceso formal para registrar y gestionar incidentes. Este proceso generalmente no incluye procedimientos detallados sobre cómo diagnosticar, investigar y resolver incidentes, pero puede proporcionar técnicas para hacer que la investigación y el diagnóstico sean más eficientes. Pueden existir scripts para recopilar información de los usuarios durante el contacto inicial, y esto puede conducir directamente al diagnóstico y resolución de incidentes simples. La investigación de incidentes más complicados a menudo requiere conocimientos y experiencia, más que pasos procesales.

4) D

Los principios rectores se refieren a:

D. Recomendaciones que ayudan a una organización al adoptar un enfoque de gestión de servicios.

(Recommendations that help an organization when adopting a service management approach)

Los "principios rectores" en el contexto de la gestión de servicios se refieren a recomendaciones o directrices fundamentales que proporcionan orientación a una organización al adoptar un enfoque de gestión de servicios. Estos principios están diseñados para ser fundamentales y universales, brindando a las organizaciones un marco sólido para tomar decisiones coherentes y efectivas en el ámbito de la gestión de servicios.

La opción D, "Recomendaciones que ayudan a una organización al adoptar un enfoque de gestión de servicios", destaca este concepto. Estos principios no son acciones específicas, sino más bien pautas generales que una organización puede seguir para lograr una implementación exitosa de la gestión de servicios y garantizar la entrega de valor a los clientes y partes interesadas.

En resumen, los principios rectores son guías fundamentales que informan y respaldan la adopción y práctica efectiva de la gestión de servicios en una organización.

A. Un conjunto de actividades interconectadas que ayudan a una organización a brindar un servicio valioso.

Cadena de valor del servicio

B. Una descripción de uno o más servicios que ayudan a abordar las necesidades de un grupo de consumidores objetivo.

oferta de servicios

C. Un conjunto de capacidades organizativas especializadas para generar valor para los clientes.

Gestión De Servicios

D. Recomendaciones que ayudan a una organización a la hora de adoptar un enfoque de gestión de servicios

Principios rectores

5) A

El enfoque CORRECTO al aplicar el principio rector 'mantenlo simple y práctico' es:

A. Agregar controles y métricas solo cuando sean necesarios.

(Only add controls and metrics when they are needed)

El principio rector "mantenlo simple y práctico" sugiere que en la gestión de servicios, se deben adoptar enfoques y prácticas que sean simples y prácticos. La complejidad innecesaria y las soluciones complicadas deben evitarse en la medida de lo posible para facilitar la comprensión, implementación y mantenimiento de los procesos y prácticas.

La opción A, "Agregar controles y métricas solo cuando sean necesarios", refleja este principio de mantener las cosas simples y prácticas. En lugar de sobrecargar los procesos con controles y métricas innecesarios, se recomienda añadirlos solo cuando sean esenciales para lograr los objetivos y mejorar el servicio. Esto ayuda a evitar la complejidad innecesaria y a garantizar que los controles y métricas agregados sean realmente valiosos y contribuyan al éxito general de la gestión de servicios.

En resumen, este enfoque respalda la idea de mantener la gestión de servicios lo más simple y práctica posible, centrándose en lo esencial para lograr los resultados deseados.

Al diseñar o mejorar la gestión de servicios, es mejor comenzar con un enfoque sencillo y luego agregar cuidadosamente controles, actividades o métricas cuando se vea que realmente son necesarios.

4.3.6.1 "Es mejor comenzar con un enfoque sencillo y luego agregar cuidadosamente controles, actividades o métricas cuando se vea que realmente son necesarios".

6) B

El propósito de la práctica de 'gestión de problemas' es:

B. Reducir la probabilidad e impacto de incidentes identificando causas reales y potenciales de incidentes, y gestionando soluciones alternativas y errores conocidos.

(To reduce the likelihood and impact of incidents by identifying actual and potential causes of incidents, and managing workarounds and known errors)

El propósito de la gestión de problemas es reducir la probabilidad y el impacto de los incidentes identificando las causas reales y potenciales de los incidentes y gestionando soluciones alternativas y errores conocidos.

A. Proteger la información que necesita la organización para llevar a cabo su negocio = seguridad de la información.

B. Reducir la probabilidad y el impacto de los incidentes identificando las causas reales y potenciales de los incidentes y gestionando soluciones alternativas y errores conocidos = gestión de problemas.

C. Alinear las prácticas y servicios de la organización con las necesidades comerciales cambiantes a través de la identificación y mejora continua de los servicios = mejora continua.

D. Minimizar el impacto negativo de los incidentes restableciendo la operación normal del servicio lo más rápido posible = incidente.

7) D

La práctica que forma un vínculo entre el proveedor de servicios y los usuarios de servicios es:

D. Mesa de servicio (Service desk)

La práctica de la "Mesa de Servicio" (Service Desk) juega un papel fundamental como un punto central de contacto entre el proveedor de servicios y los usuarios de servicios. Aquí hay una explicación más detallada:

D. Mesa de Servicio (Service Desk): La mesa de servicio es un punto central de contacto entre los proveedores de servicios y los usuarios finales. Es donde los usuarios pueden informar problemas, hacer solicitudes de servicios y buscar asistencia. La mesa de servicio desempeña un papel clave en la gestión de incidentes, la gestión de solicitudes de servicio y la comunicación general entre la organización y sus usuarios.

La mesa de servicio no solo maneja la entrada de incidentes y solicitudes, sino que también puede proporcionar información y resolver problemas comunes de manera rápida. Es un componente crucial para garantizar una comunicación efectiva entre el proveedor de servicios y los usuarios, contribuyendo así a la satisfacción del cliente y al cumplimiento de los niveles de servicio acordados.

En resumen, la mesa de servicio forma un vínculo operativo y comunicativo esencial entre el proveedor de servicios y los usuarios, facilitando la gestión eficiente de incidentes, solicitudes y la provisión general de servicios.

5.2.14 Mesa de servicio:

El propósito de la práctica de la mesa de servicio es capturar la demanda de resolución de incidentes y solicitudes de servicio. También debe ser el punto de entrada y el punto único de contacto del proveedor de servicios con todos sus usuarios.

8) C

El propósito de la gestión de versiones es:

C. Poner a disposición nuevos servicios y servicios

modificados para su uso.

(To make new and changed services available for use)

La gestión de versiones tiene como objetivo principal administrar el lanzamiento y la distribución de nuevas versiones de servicios, así como de servicios modificados, garantizando su disponibilidad y uso efectivo. Aquí hay una explicación más detallada:

C. Poner a disposición nuevos servicios y servicios modificados para su uso: La gestión de versiones se centra en controlar y coordinar la introducción de nuevas versiones de servicios o en la implementación de cambios en servicios existentes. Esto implica planificación, coordinación y control de las diferentes etapas del ciclo de vida de la versión, desde el desarrollo hasta la implementación.

Al asegurar que las nuevas versiones o cambios en los servicios estén disponibles y listos para su uso, la gestión de versiones contribuye a garantizar que la organización pueda proporcionar servicios actualizados y mejorados a sus usuarios y clientes. Además, este proceso ayuda a minimizar los riesgos asociados con la introducción de cambios, asegurando que las nuevas versiones sean compatibles y cumplan con los requisitos y expectativas del negocio.

En resumen, la gestión de versiones se enfoca en poner a disposición nuevas versiones de servicios y servicios modificados, facilitando su implementación efectiva y garantizando la continuidad y mejora de los servicios ofrecidos por la organización.

A. Para proteger la información de la organización --> Gestión de Seguridad de la Información.

B. Para manejar solicitudes de servicio iniciadas por el usuario --> Gestión de solicitudes de servicio.

C. Para hacer que los servicios nuevos y modificados estén disponibles para su uso --> Gestión de versiones.

D. Para mover hardware y software a entornos activos --> Gestión de implementación.

9) C

El principio rector 'progresar de manera iterativa con retroalimentación' recomienda:

C. Una iniciativa de mejora que se divide en varias secciones manejables.

(An improvement initiative that is broken into a number of manageable sections)

Progrese de forma iterativa con retroalimentación: resista la tentación de hacer todo a la vez. Incluso las grandes iniciativas deben llevarse a cabo de forma iterativa. Al organizar el trabajo en secciones más pequeñas y manejables que puedan ejecutarse y completarse de manera oportuna, el enfoque en cada esfuerzo será más nítido y más fácil de mantener.

El principio rector 'progresar de manera iterativa con retroalimentación' se refiere a la idea de abordar iniciativas de mejora de manera gradual y en etapas manejables. Aquí está la explicación:

C. Una iniciativa de mejora que se divide en varias secciones manejables: Este principio sugiere que es más efectivo abordar iniciativas de mejora dividiéndolas en secciones manejables o partes más pequeñas. En lugar de intentar implementar cambios masivos de una sola vez, se abogan por ciclos iterativos de mejora, donde se implementan cambios incrementales y luego se recopila retroalimentación.

Este enfoque iterativo permite adaptarse a medida que se avanza, aprender de la retroalimentación obtenida durante cada ciclo y ajustar en consecuencia. Al dividir la iniciativa en secciones manejables, se facilita el seguimiento del progreso y la capacidad de hacer mejoras continuas de manera más efectiva.

En resumen, este principio recomienda un enfoque gradual y adaptativo para las iniciativas de mejora, dividiéndolas en secciones manejables y utilizando la retroalimentación para informar y ajustar el proceso de mejora.

10) B

La respuesta correcta es:

B. Enfocarse en el valor.

(Focus on value)

El principio rector "Enfocarse en el valor" implica que las decisiones y actividades deben centrarse en proporcionar valor al cliente y al usuario. Esto incluye la consideración y mejora de la experiencia del cliente y del usuario como parte integral de la entrega de servicios. La creación de valor para el cliente y el usuario es esencial para el éxito de la gestión de servicios.

El principio de centrarse en el valor abarca muchas perspectivas, incluida la experiencia de los clientes y usuarios.

11) D

D. Los cambios de emergencia son cambios que deben implementarse lo antes posible y, por lo tanto, la autorización se agiliza:

(Emergency changes are changes that must be implemented as soon as possible and therefore authorization is expedited)

Cambios de Emergencia: Se refiere a cambios críticos y urgentes que deben implementarse de inmediato para evitar daños significativos. La autorización para los cambios de emergencia suele ser más rápida, ya que el objetivo es abordar la situación de emergencia de manera rápida y efectiva.

Los cambios estándar están autorizados previamente.

5.2.4 Habilitación de cambios:

Cambios de emergencia Son cambios que deben implementarse lo antes posible; por ejemplo, para resolver una incidencia o implementar un parche de seguridad. Los cambios de emergencia generalmente no se incluyen en un cronograma de cambios y el proceso de evaluación y autorización se acelera para garantizar que se puedan implementar rápidamente.

12) D

La actividad clave realizada en el paso '¿Llegamos?' del modelo de 'mejora continua' es:

D. Evaluar mediciones y métricas.

(Evaluate measurements and metrics)

Este paso implica la evaluación y revisión de las mediciones y métricas recopiladas durante la implementación de acciones de mejora. La evaluación de estos indicadores permite determinar si se han alcanzado los objetivos establecidos, identificar áreas de éxito y áreas que necesitan más atención, y proporcionar información valiosa para ajustar y continuar el proceso de mejora continua.

4.6 mejora continua

llegamos allí? = evaluar métricas y KPI

13) C

La respuesta correcta es:

C. Costo (Cost)

Un servicio puede quitar costos al consumidor al proporcionar eficiencias o soluciones que ahorran dinero, y puede imponer costos al consumidor al requerir tarifas, pagos o recursos para acceder al servicio. Por lo tanto, la respuesta correcta es la opción C.

2.5.2.

14) B

La práctica de 'facilitar el cambio' PRINCIPALMENTE se enfoca en:

B. Cambios en productos y servicios.

(Changes to products and services)

Esta práctica se centra en gestionar y facilitar los cambios en productos y servicios de una organización para garantizar una implementación efectiva y controlada.

5.2.4 Habilitación de cambios:

Es importante distinguir la habilitación del cambio de la gestión del cambio organizacional. La gestión del cambio organizacional gestiona los aspectos relacionados con las personas de los cambios para garantizar que las mejoras y las iniciativas de transformación organizacional se implementen con éxito. La habilitación del cambio suele centrarse en cambios en productos y servicios.

15) B

Lo que se maneja como una solicitud de servicio es:

B. Un elogio sobre un equipo de soporte de TI.

(A compliment about an IT support team)

Una solicitud de servicio generalmente se refiere a una petición directa de un usuario para obtener información, asistencia o realizar alguna acción que no sea una incidencia o un cambio estándar. En este caso, un elogio sobre un equipo de soporte de TI podría ser considerado una solicitud de servicio positiva.

5.2.16 Gestión de solicitudes de servicio:

"Las solicitudes de servicio son una parte normal de la prestación de servicios y no son una falla o degradación del servicio, que se manejan como incidentes... Las solicitudes de servicio pueden incluir diversas actividades, como acciones rutinarias de prestación de servicios, solicitudes de información, solicitudes de provisión de un recurso o servicio, solicitudes de acceso a un recurso o servicio, comentarios, elogios y quejas.

16) B

Un requisito clave para un acuerdo de nivel de servicio (SLA) exitoso es:

B. Utilizar métricas combinadas para relacionar el rendimiento con los resultados.

(Using bundled metrics to relate performance to outcomes)

Un SLA exitoso generalmente incluye métricas que son combinaciones significativas y proporcionan una visión integral del rendimiento del servicio en relación con los resultados deseados. Esto permite una evaluación más completa y alineada con los objetivos del negocio.

5.2.15.1 Acuerdos de nivel de servicio:

Algunos de los requisitos clave para un SLA exitoso incluyen:

• Deben relacionarse con resultados definidos y no simplemente con métricas operativas. Esto se puede lograr con conjuntos equilibrados de métricas, como la satisfacción del cliente y los resultados comerciales clave.

17) D

La dimensión 'socios y proveedores' considera:

D. Trabajar con un integrador para gestionar relaciones.

(Working with an integrator to manage relationships)

Esta dimensión se centra en cómo la organización colabora y trabaja con socios y proveedores externos para ofrecer servicios de manera efectiva. La gestión de relaciones con integradores y otros socios es una parte integral de esta dimensión.

A. Usando inteligencia artificial.

Tecnologías de la información.

B. Definición de controles y procedimientos.

Flujos y procesos de valor.

C. Utilizar roles y responsabilidades formales.

Organizaciones y personas.

D. Trabajar con un integrador para gestionar las relaciones.

Socios y proveedores.

18) C

La respuesta correcta es:

C. Gestión de incidentes.

(Incident management)

La gestión de incidentes se encarga de manejar incidentes para restaurar el servicio normal lo más rápido posible. El uso de herramientas para la colaboración y la coincidencia automatizada de síntomas es común en esta práctica para diagnosticar y resolver incidentes de manera eficiente.

5.2.5 - Gestión de incidencias

Las herramientas modernas de gestión de servicios de TI pueden proporcionar una comparación automatizada de incidentes con otros incidentes, problemas o errores conocidos, e incluso pueden proporcionar un análisis inteligente de los datos de incidentes para generar recomendaciones que ayuden con incidentes futuros.

Las herramientas modernas de gestión de servicios de TI pueden proporcionar una comparación automatizada de incidentes con otros incidentes, problemas o errores conocidos, e incluso pueden proporcionar un análisis inteligente de los datos de incidentes para generar recomendaciones que ayuden con incidentes futuros.

19) C

La práctica que ayudaría a un usuario a obtener acceso a una aplicación que necesita usar es:

C. Gestión de solicitudes de servicio.

(Service request management)

La gestión de solicitudes de servicio se ocupa de manejar las solicitudes directas de los usuarios para obtener información, asistencia o acceder a un servicio específico, como en este caso, obtener acceso a una aplicación.

Para obtener acceso se debe requerir una solicitud de servicio, por lo tanto, la gestión de solicitudes de servicio es la respuesta correcta.

20) B

Lo que se utiliza para vincular actividades dentro de la cadena de valor del servicio es:

B. Entradas, salidas y desencadenantes.

(Inputs, outputs and triggers)

Estos elementos son utilizados para describir y conectar las diversas etapas y actividades dentro de la cadena de valor del servicio. Permiten comprender cómo fluye el valor a través del sistema y cómo se relacionan las diferentes actividades entre sí.

4,5 / pág. 58

Estas actividades representan los pasos que da una organización en la creación de valor. Cada actividad transforma insumos en productos. Estos insumos pueden ser demanda desde fuera de la cadena de valor o productos de otras actividades. Todas las actividades están interconectadas, y cada actividad recibe y proporciona desencadenantes para acciones futuras.

B. Entradas, Salidas y desencadenantes: "Cada actividad transforma entradas en salidas". "Cada actividad recibe y proporciona desencadenantes para acciones futuras." (Mensaje clave)

C: no tiene ningún sentido.

21) C

Las dos prácticas que utilizan soluciones temporales son:

C. Gestión de problemas y gestión de incidentes.

(Problem management and incident management)

La gestión de problemas y la gestión de incidentes son dos prácticas que pueden involucrar el uso de soluciones temporales:

Gestión de Problemas:

La gestión de problemas se centra en identificar y abordar las causas subyacentes de los incidentes recurrentes para prevenir futuros problemas.

Puede implicar la implementación de soluciones temporales mientras se investigan y resuelven las causas fundamentales de los problemas.

Gestión de Incidentes:

La gestión de incidentes se ocupa de restaurar rápidamente los servicios normales después de una interrupción.

Puede implicar el uso de soluciones temporales para minimizar el impacto y restaurar la operación normal del servicio de manera más rápida.

Ambas prácticas reconocen la importancia de proporcionar soluciones temporales para garantizar la continuidad del servicio mientras se abordan y resuelven las causas subyacentes de los problemas o incidentes.

22) D

En el propósito de la actividad de la cadena de valor 'entregar y soportar', se incluye:

D. Proporcionar servicios según las especificaciones acordadas.

(Providing services to agreed specifications)

Esta actividad se enfoca en la entrega efectiva de servicios de acuerdo con las especificaciones y requisitos acordados, asegurando que los servicios sean entregados de manera que cumplan con las expectativas y necesidades de las partes interesadas.

Diseño y Transición: El propósito de la actividad de diseño y transición de la cadena de valor es garantizar que los productos y servicios cumplan continuamente con las expectativas de las partes interesadas en cuanto a calidad, costos y tiempo de comercialización.

Entrega y soporte: El propósito de la actividad de la cadena de valor de entrega y soporte es garantizar que los servicios se entreguen y soporten de acuerdo con las especificaciones acordadas y las expectativas de las partes interesadas.

4.5.6: El propósito de la actividad de entrega y soporte de la cadena de valor es garantizar que los servicios se entreguen y respalden de acuerdo con las especificaciones acordadas y las expectativas de las partes interesadas.

A. Cumplir con las expectativas de las partes interesadas en cuanto al tiempo de comercialización.

Diseño y Transición.

B. Comprender la visión de servicio de la organización.

Plan.

C. Comprender las necesidades de las partes interesadas.

Comprometer.

D. Proporcionar servicios según las especificaciones acordadas.

Entrega y soporte.

23) B

La opción correcta es:

B. Gobierno, cadena de valor del servicio, prácticas.

(Governance, service value chain, practices)

Estos son los elementos clave del sistema de valor del servicio:

Gobierno: Se refiere a la dirección y control que guía la organización para garantizar que cumpla con sus objetivos.

Cadena de Valor del Servicio: Describe las actividades específicas que crean valor en la entrega de servicios.

Prácticas: Son conjuntos organizados de recursos y capacidades para llevar a cabo actividades relacionadas con el logro de un propósito específico. En el contexto de ITIL (Information Technology Infrastructure Library), las prácticas son conjuntos de recursos organizados para realizar trabajos o lograr un objetivo.

1.3.1, Los componentes principales de ITIL SVS son:

- la cadena de valor del servicio ITIL
- las prácticas ITIL
- los principios rectores de ITIL
- gobernanza
- mejora continua.

24) D

Un incidente se define como:

D. Una interrupción del servicio resuelta mediante el uso de herramientas de autoayuda.

(A service interruption resolved by the use of self-help tools)

Un incidente en el contexto de la gestión de servicios de TI se refiere a cualquier evento que cause, o pueda causar, una interrupción o degradación no planificada en la calidad del servicio. La opción D describe la naturaleza de un incidente y cómo se aborda típicamente.

cita del libro oficial:

Algunas incidencias serán resueltas por los propios usuarios, mediante la autoayuda. Se debe capturar el uso de registros de autoayuda específicos para su uso en actividades de medición y mejora.

25) A

Lo que se define como un cambio de estado que tiene importancia para la gestión de un servicio de TI es:

A. Evento (Event)

En la gestión de servicios de TI, un evento se define como cualquier cambio de estado que tenga importancia para la gestión de un servicio o de una configuración de la infraestructura de TI. Los eventos pueden ser indicadores de que algo no está funcionando correctamente, o que se ha producido un cambio de estado que puede requerir atención.

Un "cambio de estado que tiene importancia para la gestión de un servicio de TI" se conoce como "evento" en el contexto de la gestión de servicios de TI.

26) B

La dimensión que incluye el conocimiento necesario para la gestión de servicios es:

B. Información y tecnología.

(Information and technology)

Esta dimensión aborda la gestión del conocimiento necesario para respaldar la entrega efectiva de servicios de TI. Incluye la gestión de la información y la tecnología para facilitar la toma de decisiones informadas y mejorar la eficiencia en la prestación de servicios.

Capítulo 3.2:

Aplicada a la SVS, la dimensión de información y tecnología incluye la información y el conocimiento necesarios para la gestión de los servicios, así como las tecnologías requeridas. También incorpora las relaciones entre los diferentes componentes de la SVS, como los insumos y productos de actividades y prácticas.

27) C

El uso PRINCIPAL de un cronograma de cambios es:

C. Planificar cambios y ayudar a evitar conflictos.

(To plan changes and help avoid conflicts)

El cronograma de cambios es una herramienta utilizada en la gestión de cambios para planificar y coordinar la implementación de cambios. Ayuda a evitar conflictos al asignar recursos y tiempo de manera eficiente, y permite una visión general de cómo se superponen o interactúan los diferentes cambios planificados.

El cronograma de cambios se utiliza para ayudar a planificar cambios, ayudar en la comunicación, evitar conflictos y asignar recursos. También se puede utilizar después de que se hayan implementado los cambios para proporcionar la información necesaria para la gestión de incidentes, la gestión de problemas y la planificación de mejoras.

28) C

El principio rector que se centra en reducir costos y errores humanos es:

C. Optimizar y automatizar.

(Optimize and automate)

Este principio destaca la importancia de mejorar la eficiencia y la precisión al utilizar la automatización y optimización de procesos. Al reducir la dependencia de tareas manuales propensas a errores, se pueden disminuir los costos y mejorar la calidad del servicio.

Se pueden encontrar oportunidades de automatización en toda la organización. Buscar oportunidades para automatizar tareas estándar y repetitivas puede ayudar a ahorrar costos de organización, reducir el error humano y mejorar la experiencia de los empleados.

29) C

La respuesta correcta es:

C. Progresar de manera iterativa con retroalimentación.

(Progress iteratively with feedback)

Este principio rector destaca la importancia de avanzar paso a paso, aprendiendo y ajustando a lo largo del camino a través de ciclos iterativos de mejora continua. Proporciona una forma estructurada de realizar mejoras, asegurando que cada iteración se beneficie de la retroalimentación y se enfoque en áreas específicas para hacer que el proceso sea más manejable y sostenible a largo plazo.

Progrese de forma iterativa con comentarios:

Resista la tentación de hacer todo a la vez. Al organizar el trabajo en secciones más pequeñas y manejables (iteraciones) que puedan ejecutarse y completarse de manera oportuna, el enfoque en cada esfuerzo será más nítido y más fácil de mantener.

https://www.bmc.com/blogs/itil-guiding-principles/

30) D

La actividad clave llevada a cabo en el paso '¿Llegamos?' del modelo de 'mejora continua' es:

D. Evaluar mediciones y métricas.

(Evaluate measurements and metrics)

En este paso, se analizan y evalúan las mediciones y métricas recopiladas para determinar si se han alcanzado los objetivos establecidos. Esto proporciona información valiosa sobre el rendimiento del servicio y orienta las decisiones futuras de mejora.

31) A

La respuesta correcta es:

A. Las ideas de mejora se documentan, evalúan y priorizan.

(Improvement ideas are documented, assessed and prioritized)

La importancia de un 'Registro de Mejora Continua' (CIR) radica en asegurar un proceso estructurado y efectivo para la gestión de ideas de mejora dentro de una organización. La opción A, "Las ideas de mejora se documentan, evalúan y priorizan", destaca elementos clave de este proceso:

Documentación: La recopilación y documentación adecuada de las ideas de mejora garantiza que se capturen de manera clara y comprensible. Esto ayuda a evitar la pérdida de valiosas sugerencias de mejora.

Evaluación: La evaluación implica analizar las ideas de mejora en función de su viabilidad, impacto y alineación con los objetivos organizativos. Este paso asegura que se seleccionen las propuestas más prometedoras.

Priorización: La priorización implica asignar niveles de importancia a las ideas de mejora. Esto ayuda a la organización a enfocarse en las iniciativas que ofrecen los mayores beneficios o solucionan problemas críticos de manera eficiente.

En resumen, al documentar, evaluar y priorizar las ideas de mejora, el CIR se convierte en una herramienta valiosa para impulsar la mejora continua dentro de una organización.

5.1.2: …es importante documentar para llamar la atención las ideas de mejora que surgen como parte de la mejora continua continua. A medida que se documentan nuevas ideas, los CIR se utilizan para volver a priorizar constantemente las oportunidades de mejora.

32) D

La respuesta correcta es:

D. Establecer objetivos claros basados en el negocio para los niveles de servicio.

(To set clear business-based targets for service levels)

La práctica de 'Gestión de Niveles de Servicio' tiene como objetivo principal establecer y mantener niveles de servicio que estén alineados con los objetivos del negocio. La opción D, "Establecer objetivos claros basados en el negocio para los niveles de servicio," refleja este propósito de manera precisa. Aquí hay una explicación más detallada:

Establecer Objetivos Claros: La gestión de niveles de servicio implica definir metas y estándares específicos que deben cumplirse para garantizar un nivel de servicio adecuado. Estos objetivos deben estar alineados con las necesidades y expectativas del negocio.

Basados en el Negocio: Los objetivos de servicio deben derivarse de los objetivos y requisitos del negocio. Esto asegura que la entrega de servicios esté alineada con la estrategia y las prioridades empresariales.

Monitoreo y Ajuste: La práctica también implica monitorear continuamente el rendimiento real en comparación con los objetivos establecidos. Si se identifican desviaciones, se toman medidas correctivas para garantizar que los servicios cumplan con los estándares acordados.

Garantizar la Calidad Acordada: Aunque la opción C menciona "apoyar la calidad acordada de un servicio," es importante destacar que la gestión de niveles de servicio no solo se trata de gestionar solicitudes de servicio, sino también de garantizar que el rendimiento general del servicio cumpla con los criterios de calidad acordados.

En resumen, la gestión de niveles de servicio busca alinear la entrega de servicios con los objetivos del negocio al establecer y mantener objetivos de servicio claros y medibles.

A. Establecer y nutrir los vínculos entre la organización y sus partes interesadas = gestión de relaciones.

B. Garantizar que los proveedores de la organización y su desempeño se gestionen adecuadamente = gestión de proveedores.

C. Respaldar la calidad acordada de un servicio manejando todas las solicitudes de servicio acordadas iniciadas por el usuario = solicitud de servicio.

D. Establecer objetivos empresariales claros para los niveles de servicio = nivel de servicio.

5.2.15: El propósito de la práctica de gestión del nivel de servicio es establecer objetivos claros basados en el negocio para los niveles de servicio y garantizar que la prestación de servicios se evalúe, monitoree y gestione adecuadamente en función de estos objetivos.

33) C

La respuesta correcta es:

C. Un flujo de valor.

(A value stream)

3.4.1: UNA CORRIENTE DE VALOR es una serie de pasos que una organización emprende para crear y entregar productos y servicios a los consumidores de servicios. Combina las actividades de la cadena de valor de la organización.

34) B

La respuesta correcta es:

B. Trabajo conjunto.

(Swarming)

El "trabajo conjunto" se refiere a la práctica de

involucrar a varios miembros o equipos de soporte simultáneamente para abordar un incidente. Cuando no está claro qué equipo específico debe encargarse del incidente, el trabajo conjunto permite que múltiples expertos colaboren para resolver el problema de manera más eficiente.

Gestión de Incidentes no Específica: En situaciones en las que no es evidente qué equipo de soporte debería asumir la responsabilidad de un incidente, el trabajo conjunto permite una respuesta rápida y coordinada. Los equipos involucrados pueden aportar sus conocimientos y habilidades de manera colaborativa, lo que puede ser crucial para la resolución efectiva del incidente.

Evita Demoras: La implementación del trabajo conjunto evita la demora que podría surgir si se espera a que un equipo específico asuma la responsabilidad. En lugar de esperar a la asignación precisa, los equipos pueden comenzar a abordar el incidente de inmediato, minimizando el impacto en el servicio.

Flexibilidad y Colaboración: La práctica del trabajo conjunto destaca la flexibilidad y la colaboración entre equipos, lo que es especialmente útil en entornos complejos donde la naturaleza de los incidentes puede no ser clara desde el principio.

En resumen, el trabajo conjunto es una estrategia efectiva para gestionar incidentes cuando no está claro qué equipo de soporte debería trabajar en el incidente, permitiendo una respuesta rápida y colaborativa.

5.2.5: Algunas organizaciones utilizan una técnica llamada swarming para ayudar a gestionar los incidentes. Esto implica que muchas partes interesadas diferentes trabajen juntas inicialmente, hasta que quede claro cuál de ellas está en mejor posición para continuar y cuál puede pasar a otras tareas.

Algunas organizaciones utilizan una técnica llamada swarming para ayudar a gestionar los incidentes. Esto implica que muchas partes interesadas diferentes trabajen juntas inicialmente, hasta que quede muy claro cuál de ellas está en mejor posición para continuar y cuál puede pasar a otras tareas.

35) C

La afirmación correcta sobre la práctica de 'mejora continua' es:

C. Debe proporcionarse formación a aquellos involucrados en la mejora continua.

(Training should be provided to those involved in continual improvement)

La mejora continua es un proceso dinámico que involucra a diversos miembros de una organización. Proporcionar formación a aquellos que participan en la mejora continua es fundamental por varias razones:

Capacitación en Métodos y Herramientas: La mejora continua a menudo implica el uso de metodologías específicas, herramientas y enfoques. La formación asegura que los participantes estén familiarizados con estas herramientas y puedan aplicarlas de manera efectiva.

Desarrollo de Habilidades: La mejora continua requiere habilidades específicas, como habilidades analíticas, habilidades de resolución de problemas y capacidad para trabajar en equipo. La formación contribuye al desarrollo de estas habilidades, lo que mejora la eficacia del proceso.

Conciencia de Objetivos y Metodologías: La formación ayuda a los participantes a comprender los objetivos de la mejora continua y la importancia de su contribución. También les proporciona una comprensión clara de las metodologías utilizadas para realizar mejoras.

Cambio Cultural: La mejora continua a menudo implica un cambio cultural dentro de la organización. La formación ayuda a crear una mentalidad de mejora constante y a superar posibles resistencias al cambio.

En resumen, la formación es esencial para que los involucrados en la mejora continua adquieran las habilidades y conocimientos necesarios para contribuir de manera efectiva al proceso y alcanzar mejoras significativas en la organización.

5.1.2: Se debe brindar capacitación y otro tipo de asistencia de habilitación a los miembros del personal para ayudarlos a sentirse preparados para contribuir a la mejora continua.

36) B

La respuesta correcta es:

B. Silos organizativos.

El sistema de valores de servicio de ITIL desalienta la existencia de "silos organizativos". Un silo organizativo se refiere a la falta de comunicación y colaboración efectiva entre diferentes departamentos o equipos dentro de una organización. ITIL, que significa Information Technology Infrastructure Library, promueve la integración y la colaboración para mejorar la eficiencia y eficacia en la gestión de servicios de tecnología de la información.

Colaboración y Coordinación: La coordinación

efectiva y la colaboración entre diferentes áreas son esenciales para ofrecer servicios de manera integral y mejorar la experiencia general del cliente. Silos organizativos pueden dar lugar a una falta de comunicación y coordinación, lo que puede afectar negativamente la entrega de servicios y la resolución de problemas.

Interfaces entre Prácticas: El enfoque de ITIL incluye la idea de interfaces entre prácticas, lo que significa que diferentes prácticas y procesos deben colaborar y compartir información de manera efectiva para lograr los objetivos organizativos. Esto contrasta con los silos organizativos, donde los equipos trabajan de manera aislada.

Enfoque en la Eficiencia y Calidad: ITIL busca mejorar la eficiencia operativa y la calidad de los servicios. La eliminación de silos organizativos contribuye a lograr estos objetivos al facilitar la comunicación y la colaboración entre áreas funcionales.

En resumen, el sistema de valores de servicio de ITIL favorece la colaboración, la coordinación y la eliminación de silos organizativos para optimizar la gestión de servicios de tecnología de la información.

4.1 Descripción general del sistema de valor del servicio:

La arquitectura de ITIL SVS permite específicamente flexibilidad y desalienta el trabajo aislado.

37) B

La respuesta correcta es:

B. Las métricas en un SLA se centran en medidas internas, de modo que los informes muestren que todo está bien, mientras que el cliente no está satisfecho.

(The metrics in an SLA are focused on internal measures, so that reports show everything is good, while the customer is not satisfied)

El efecto 'sandía SLA' se refiere a una situación en la que las métricas y los indicadores de rendimiento definidos en un Acuerdo de Nivel de Servicio (SLA) pueden enfocarse excesivamente en medidas internas o aspectos que son favorables desde la perspectiva del proveedor de servicios, pero que no reflejan necesariamente la satisfacción del cliente.

Métricas Internas vs. Satisfacción del Cliente: En este escenario, las métricas pueden mostrar que todo está bien desde la perspectiva interna de la organización o del proveedor de servicios, pero el cliente puede experimentar insatisfacción debido a factores que no se reflejan en esas métricas.

Desalineación con las Expectativas del Cliente: Puede haber una desconexión entre las métricas internas que indican el rendimiento del proveedor y la experiencia real del cliente. Esto puede dar lugar a la percepción de que "todo está bien" según las métricas internas, pero el cliente no está satisfecho con el servicio recibido.

Importancia de Medir la Satisfacción del Cliente: Para evitar el efecto 'sandía SLA', es crucial incluir métricas que reflejen directamente la satisfacción del cliente y asegurarse de que los SLAs estén alineados con las expectativas y necesidades reales de los usuarios del servicio.

En resumen, el 'sandía SLA' destaca la importancia de equilibrar las métricas internas con medidas que reflejen la satisfacción real del cliente para obtener una evaluación más precisa y completa del rendimiento del servicio.

El efecto SLA de sandía significa que las métricas parecen verdes por fuera, pero en realidad son rojas por dentro. Ocurre cuando un proveedor de servicios pierde funcionalidades y resultados comerciales que son importantes para el cliente.

38) A

A. Gestión de Niveles de Servicio (SLM)

(Service level management)

La gestión del nivel de servicio proporciona visibilidad de extremo a extremo de los servicios de la organización. Para lograr esto, la gestión del nivel de servicio:

- establece una visión compartida de los servicios y los niveles de servicio objetivo con los clientes.

- garantiza que la organización cumpla con los niveles de servicio definidos a través de la recolección, Análisis, almacenamiento y generación de informes de las métricas relevantes para los servicios identificados.

- realiza revisiones de servicios para garantizar que el conjunto actual de servicios continúa satisfaciendo las necesidades de la organización y sus clientes.

- captura e informa sobre problemas de servicio, incluido el rendimiento frente a niveles de servicio definidos.

39) B

La definición correcta de un servicio es:

B. Un medio para habilitar la co-creación de valor facilitando resultados que los clientes desean lograr, sin que el cliente tenga que gestionar costos y riesgos específicos.

(A means of enabling value co-creation by

facilitating outcomes that customers want to achieve, without the customer having to manage specific costs and risks)

Esta definición destaca la esencia de un servicio según la perspectiva de ITIL (Information Technology Infrastructure Library) y la gestión de servicios en general. Veamos los componentes clave de esta definición:

Medio para habilitar la co-creación de valor: Los servicios facilitan la colaboración entre el proveedor y el cliente para lograr objetivos valiosos. La co-creación de valor implica una relación interactiva donde ambas partes contribuyen a obtener beneficios.

Facilitando resultados que los clientes desean lograr: Un servicio está diseñado para proporcionar resultados específicos que satisfacen las necesidades y deseos del cliente. La orientación hacia el logro de resultados es fundamental en la definición de servicios.

Sin que el cliente tenga que gestionar costos y riesgos específicos: Los servicios están diseñados para aliviar al cliente de la carga de gestionar detalles operativos, costos y riesgos asociados. El proveedor asume la responsabilidad de ofrecer el servicio de manera eficiente y efectiva.

En resumen, la definición resalta la colaboración,

la creación de valor y la satisfacción de necesidades del cliente como elementos fundamentales de un servicio.

A. Un posible evento que podría causar daño o pérdida, o dificultar el logro de los objetivos = riesgo.

B. Un medio para permitir la creación conjunta de valor al facilitar los resultados que los clientes desean lograr, sin que el cliente tenga que gestionar costos y riesgos específicos = servicio.

C. Un entregable tangible o intangible de una actividad = resultado.

D. Actividades conjuntas realizadas por un proveedor de servicios y un consumidor de servicios para garantizar la cocreación continua de valor basada en ofertas de servicios acordadas y disponibles = gestión de relaciones de servicio.

40) A

La respuesta correcta es:

A. 1 y 2.

Por lo tanto, la frase completa sería: "DOS aspectos importantes de la práctica de 'gestión de solicitudes de servicio' son la estandarización y automatización, y proporcionar una variedad de canales de acceso."

1. Estandarización y automatización: la estandarización y la automatización garantizan que las solicitudes de servicio se manejen de manera consistente y eficiente.

2. Proporcionar una variedad de canales de acceso: proporcionar una variedad de canales de acceso permite a los clientes enviar fácilmente solicitudes de servicio, lo que puede mejorar su satisfacción con el servicio. Estos dos aspectos son importantes para la gestión eficaz de las solicitudes de servicio.

A. 1 y 2 (Estandarización y automatización, y proporcionar una variedad de canales de acceso):

Estandarización y Automatización: Estos aspectos son fundamentales para la eficiencia y consistencia en la gestión de solicitudes de servicio. La estandarización implica establecer procesos y procedimientos uniformes para gestionar las solicitudes, lo que ayuda a garantizar la coherencia y calidad en el servicio. La automatización, por otro lado, permite realizar tareas de manera eficiente y sin intervención manual, mejorando los tiempos de respuesta y reduciendo posibles errores.

Proporcionar una Variedad de Canales de Acceso:

La gestión de solicitudes de servicio debe adaptarse a las preferencias y necesidades de los usuarios. Proporcionar una variedad de canales de acceso, como portales en línea, correo electrónico o servicios de asistencia telefónica, garantiza que los usuarios puedan realizar solicitudes de la manera más conveniente para ellos, mejorando la accesibilidad y la experiencia del usuario.

La combinación de estandarización y automatización con la disponibilidad de múltiples canales de acceso contribuye a una gestión eficaz y centrada en el cliente de las solicitudes de servicio.

El examen de fin de práctica III

EXAMEN DE PRÁCTICA IV

1) ¿Qué se requiere de todo el personal del service desk?

A. Excelente conocimiento técnico

B. Habilidades de análisis de causa raíz

C. Demostración de inteligencia emocional

D. Conocimiento de tecnología de telefonía

2) ¿Qué práctica establece un canal entre el proveedor de servicios y sus usuarios?

A. Gestión de relaciones

B. Facilitación del cambio

C. Gestión de proveedores

D. Mesa de servicio

3) ¿Qué práctica incluye el uso de enfoques como Lean, Agile y DevOps con el objetivo de facilitar una mayor cantidad de cambios a una velocidad más rápida?

A. Mesa de servicio

B. Monitoreo y gestión de eventos

C. Gestión de niveles de servicio

D. Mejora continua

4) ¿Qué práctica tiene como propósito maximizar el éxito asegurándose de que los riesgos hayan sido evaluados correctamente?

A. Gestión de relaciones

B. Facilitación del cambio

C. Gestión de versiones

D. Monitoreo y gestión de eventos

5) ¿Qué práctica proporciona a los usuarios una forma de organizar, explicar y coordinar varias solicitudes?

A. Gestión de niveles de servicio

B. Gestión de relaciones

C. Mejora continua

D. Mesa de servicio

6) ¿Qué ayuda a agilizar el cumplimiento de las solicitudes de servicio?

A. Comprender qué solicitudes de servicio se pueden realizar con aprobaciones limitadas

B. Crear nuevos flujos de trabajo para cada solicitud de servicio

C. Separar las solicitudes relacionadas con fallos del servicio de la degradación de los servicios

D. Eliminar las solicitudes de servicio que tienen flujos de trabajo complejos

7) ¿Cuál afirmación sobre resultados es CORRECTA?

A. Son entregables proporcionados a los consumidores de servicios

B. Permiten a los consumidores de servicios lograr un resultado deseado

C. Proporcionan productos a los proveedores de servicios según los resultados

D. Co-crean valor para los proveedores de servicios al reducir costos y riesgos

8) ¿Cuál principio rector dice que los servicios y procesos NO deben proporcionar una solución para cada excepción?

A. Manténlo simple y práctico

B. Colabora y promueve la visibilidad

C. Piensa y trabaja de manera holística

D. Optimiza y automatiza

9) Identifica la palabra faltante en la siguiente oración.

El propósito de la práctica de 'gestión de proveedores' es asegurar que los proveedores de la organización y su desempeño sean [?] apropiadamente para respaldar la provisión sin problemas de productos y servicios de calidad.

A. medidos

B. recompensados

C. gestionados

D. definidos

10) Identifica las palabras faltantes en la siguiente oración.

El propósito de la práctica de gestión de configuración de servicios es asegurar que la información precisa y confiable sobre la [?] y las CIs que las respaldan esté disponible cuando y donde sea necesario.

A. relaciones con proveedores

B. configuración de servicios

C. habilidades de las personas

D. autorización de cambios

11) ¿Qué práctica requiere habilidades y competencias relacionadas con el análisis de negocios, la gestión de proveedores y la gestión de relaciones?

A. Gestión de incidentes

B. Monitoreo y gestión de eventos

C. Gestión de niveles de servicio

D. Gestión de activos de TI

12) ¿Cuándo debería crearse una solución temporal?

A. Tan pronto como sea posible, una vez registrado el incidente

B. Después de la resolución de un problema

C. Cuando un problema no puede resolverse rápidamente

D. Cuando se ha identificado una solución permanente potencial

13) ¿Qué es un elemento de configuración?

A. Cualquier componente financieramente valioso que pueda contribuir a la entrega de un producto o servicio de TI

B. Cualquier cambio de estado que tenga importancia para la gestión de un servicio

C. Cualquier componente que deba gestionarse para entregar un servicio de TI

D. Un problema que ha sido analizado pero no se ha resuelto

14) Identifica las palabras faltantes en la

siguiente oración.

Cuando una organización ha decidido mejorar un servicio, debería comenzar considerando [?].

A. Información existente

B. Nuevos métodos

C. Mediciones adicionales

D. Procesos revisados

15) ¿Cuál es un uso del calendario de cambios?

A. Asignar recursos a cambios

B. Decidir la autoridad de aprobación para cambios

C. Automatizar el proceso de cambio

D. Crear modelos de cambio

16) ¿Cuál dimensión de la gestión de servicios considera los flujos de trabajo y los controles necesarios para entregar servicios?

A. Organizaciones y personas

B. Información y tecnología

C. Socios y proveedores

D. Flujos de valor y procesos

17) ¿Qué principio rector considera cómo se pueden realizar los pasos de un proceso de la manera más eficiente posible?

A. Enfoque en el valor

B. Comienza donde estás

C. Piensa y trabaja de manera holística

D. Optimiza y automatiza

18) ¿Cuál afirmación sobre la práctica de 'gestión de incidentes' es CORRECTA?

A. Identifica la causa de los incidentes importantes

B. Autoriza cambios para resolver incidentes

C. Mantiene procedimientos detallados para diagnosticar incidentes

D. Resuelve primero los incidentes de mayor impacto

19) ¿Cómo debería priorizar una organización los incidentes?

A. Preguntar al usuario por su plazo de resolución preferido

B. Evaluar la disponibilidad del equipo de soporte adecuado

C. Utilizar una clasificación acordada basada en el impacto comercial del incidente

D. Crear un orden de incidentes basado en las fechas y horas en que se registraron

20) ¿Cuál es un propósito de la práctica de 'gestión de relaciones'?

A. Observar sistemáticamente servicios y componentes de servicios

B. Proteger la información necesaria para que la organización realice sus negocios

C. Ser el punto de entrada y único punto de contacto para el proveedor de servicios con todos sus usuarios

D. Identificar, analizar, monitorear y mejorar continuamente los vínculos con las partes interesadas

21) ¿Cuál afirmación acerca de los problemas es CORRECTA?

A. Los problemas no están relacionados con incidentes.

B. Los problemas deben resolverse rápidamente para restaurar la actividad comercial normal.

C. El análisis de problemas debe centrarse en una de las cuatro dimensiones para lograr un diagnóstico rápido.

D. La priorización de problemas implica evaluación de riesgos.

22) ¿Cuál es un riesgo que podría eliminarse de un consumidor de servicios por un proveedor de servicios de TI?

A. Cese de operaciones del proveedor de servicios.

B. Violación de seguridad.

C. Fallo del hardware del servidor.

D. Costo de compra de servidores.

23) ¿Cuál es una de las principales preocupaciones de la actividad de la cadena de valor 'diseño y transición'?

A. Comprender la visión de la organización.

B. Comprender las necesidades de las partes interesadas.

C. Satisfacer las expectativas de las partes interesadas.

D. Asegurar que los componentes del servicio estén disponibles.

24) ¿Qué debería manejar 'gestión de solicitudes de servicio'?

A. Una solicitud para implementar un parche de seguridad.

B. Una solicitud para proporcionar una computadora portátil.

C. Una solicitud para resolver un error en un servicio.

D. Una solicitud para cambiar un objetivo en un acuerdo de nivel de servicio.

25) ¿Qué se puede describir como un modelo operativo para la creación y gestión de productos y servicios?

A. Gobernanza.

B. Cadena de valor del servicio.

C. Principios rectores.

D. Prácticas.

26) ¿Qué acción realiza un proveedor de servicios?

A. Solicitar acciones de servicio necesarias.

B. Autorizar el presupuesto para el consumo de servicios.

C. Garantizar el acceso a recursos acordados.

D. Recibir los bienes acordados.

27) ¿En qué paso del modelo de mejora continua se incluyen las evaluaciones de línea de base?

A. ¿Llegamos?

B. ¿Dónde estamos ahora?

C. ¿Cuál es la visión?

D. ¿Dónde queremos estar?

28) ¿Qué describe una 'autoridad de cambio'?

A. Un modelo utilizado para determinar quién

evaluará un cambio.

B. Una persona que aprueba un cambio.

C. Una herramienta utilizada para ayudar a planificar cambios.

D. Una forma de gestionar los aspectos humanos del cambio.

29) ¿Cuál NO es un componente del sistema de valor de servicio?

A. La cadena de valor del servicio.

B. Oportunidad y demanda.

C. Mejora continua.

D. Gobernanza.

30) ¿Cuál afirmación acerca de la gestión de relaciones de servicio es CORRECTA?

A. Se centra en las acciones de servicio realizadas por los usuarios.

B. Requiere que el consumidor de servicios cree recursos para el proveedor de servicios.

C. Requiere la cooperación tanto del proveedor de servicios como del consumidor de servicios.

D. Se centra en el cumplimiento de las acciones de servicio acordadas.

31) ¿Cuál es la razón MÁS importante para priorizar incidentes?

A. Asegurar que las expectativas del usuario sean realistas.

B. Garantizar que los incidentes con el mayor impacto se resuelvan primero.

C. Facilitar el intercambio de información y el aprendizaje.

D. Proporcionar enlaces a cambios relacionados y errores conocidos.

32) ¿Qué actividad de 'gestión de nivel de servicio' ayuda al personal a ofrecer un servicio más enfocado en el negocio?

A. Crear objetivos basados en el porcentaje de tiempo de actividad de un servicio.

B. Comprender los requisitos continuos de los clientes.

C. Utilizar terminología técnica compleja en acuerdos de nivel de servicio (SLA).

D. Medir actividades operativas de bajo nivel.

33) ¿Cuál práctica tiene como propósito el manejo de demandas predefinidas iniciadas por el usuario?

A. Gestión de solicitudes de servicio.

B. Gestión de configuración de servicio.

C. Gestión de implementación.

D. Habilitación de cambios.

34) ¿Qué principio rector considera qué partes de un proceso existente deben mantenerse al identificar cómo contribuyen a la creación de valor?

A. Progresar de forma iterativa con retroalimentación.

B. Colaborar y promover la visibilidad.

C. Pensar y trabajar de manera holística.

D. Mantenerlo simple y práctico.

35) ¿Cuál es el propósito de la práctica de 'monitoreo y gestión de eventos'?

A. Restaurar la operación normal del servicio lo más rápido posible.

B. Gestionar soluciones temporales y errores conocidos.

C. Capturar la demanda de resolución de incidentes y solicitudes de servicio.

D. Observar sistemáticamente servicios y componentes de servicio.

36) ¿Cuál afirmación acerca de los resultados es CORRECTA?

A. Los resultados dependen de los resultados para entregar resultados a un interesado.

B. Los resultados utilizan actividades para producir entregables tangibles o intangibles.

C. Los resultados dan a los consumidores de servicios la garantía de productos o servicios.

D. Los resultados ayudan a un consumidor de servicios a evaluar el costo de una actividad específica.

37) ¿Qué habilidad se requiere para la práctica de 'gestión de nivel de servicio'?

A. Gestión de proveedores.

B. Experiencia técnica.

C. Monitoreo de eventos.

D. Gestión de problemas.

38) ¿Cuál afirmación acerca del 'modelo de mejora continua' es CORRECTA?

A. Las organizaciones deben seguir los pasos del modelo en la secuencia en que se presentan.

B. El flujo del modelo ayuda a las organizaciones a vincular las mejoras a sus metas.

C. El modelo es aplicable solo a ciertas partes del sistema de valor de servicio.

D. Las organizaciones deben utilizar un modelo o método adicional para vincular mejoras al valor del cliente.

39) ¿Cuál es la definición de garantía?

A. Un medio para identificar eventos que podrían causar daño o pérdida.

B. Un medio para determinar si un servicio es apto para el propósito.

C. Un medio para identificar un resultado para un interesado.

D. Un medio para determinar si un servicio es apto para su uso.

40) ¿Qué práctica tiene como propósito la gestión de riesgos relacionados con la confidencialidad, integridad y disponibilidad?

A. Habilitación de cambios.

B. Gestión de problemas.

C. Gestión de seguridad de la información.

D. Gestión de configuración de servicio.

RESPUESTAS Y EXPLICACIÓN

1) C

La respuesta correcta es:

C. Demostración de inteligencia emocional

(Demonstration of emotional intelligence)

5.2.14: en particular, deben demostrar excelentes habilidades de servicio al cliente, como empatía, análisis y priorización de incidentes, comunicación efectiva e inteligencia emocional.

La función del Service Desk implica interactuar directamente con los usuarios y clientes, gestionando sus solicitudes y resolviendo problemas. En este contexto, la inteligencia emocional es una habilidad esencial para el personal del Service Desk. Aquí hay algunas razones clave:

Interacción con Usuarios: Los profesionales del Service Desk tratan con personas que pueden enfrentar problemas, frustraciones o inconvenientes. La inteligencia emocional les permite manejar estas interacciones de manera empática y comprensiva.

Resolución de Problemas: La habilidad para comprender y manejar las emociones, tanto del personal como de los usuarios, es crucial para la resolución efectiva de problemas. La inteligencia emocional contribuye a un ambiente de trabajo colaborativo y a relaciones más positivas con los usuarios.

Comunicación Efectiva: La inteligencia emocional ayuda en la comunicación efectiva, permitiendo al personal del Service Desk expresar claramente la información y comprender las necesidades y expectativas de los usuarios.

Manejo del Estrés: La carga de trabajo del Service Desk puede ser intensa y variada. La inteligencia emocional facilita el manejo del estrés y la presión, contribuyendo al bienestar del personal y a la calidad del servicio ofrecido.

En resumen, la inteligencia emocional es esencial en el Service Desk para crear un entorno de trabajo positivo, mejorar la satisfacción del cliente y abordar eficazmente los desafíos y solicitudes de los usuarios.

2) D

La práctica que establece un canal entre el proveedor de servicios y sus usuarios es:

D. Mesa de servicio (Service desk)

La Mesa de Servicio (Service Desk) es la práctica que establece un canal directo entre el proveedor de servicios y sus usuarios. La Mesa de Servicio es el punto de contacto principal para los usuarios que tienen incidentes, solicitudes de servicio y necesitan asistencia.

Canal de Comunicación: La Mesa de Servicio actúa como el canal principal de comunicación entre los usuarios y el proveedor de servicios. Los usuarios se ponen en contacto con la Mesa de Servicio para informar problemas, buscar ayuda o realizar solicitudes relacionadas con los servicios.

Gestión de Incidentes y Solicitudes: La Mesa de Servicio gestiona la recepción, registro y resolución de incidentes y solicitudes de servicio. Proporciona un punto centralizado para que los usuarios obtengan ayuda y para que el proveedor de servicios coordine la respuesta a los problemas y solicitudes.

Comunicación Proactiva: Además de manejar eventos reactivos, la Mesa de Servicio también puede ser proactiva al comunicar información importante a los usuarios, como actualizaciones de servicio, cambios planificados y otra información relevante.

Interfaz Esencial: La Mesa de Servicio desempeña un papel crucial en mantener una comunicación efectiva y una relación positiva entre el proveedor de servicios y los usuarios.

En resumen, la Mesa de Servicio es la práctica que establece y gestiona el canal de comunicación esencial entre el proveedor de servicios y sus usuarios.

Palabra clave "usuario".

3) D

La práctica que incluye el uso de enfoques como Lean, Agile y DevOps con el objetivo de facilitar una mayor cantidad de cambios a una velocidad más rápida es:

D. Mejora continua (Continual improvement)

La práctica de Mejora Continua se centra en implementar cambios para mejorar continuamente la eficiencia, la eficacia y la calidad de los servicios y procesos. Algunas razones clave para seleccionar "Mejora continua" como la práctica correcta en este contexto incluyen:

Enfoques Ágiles y DevOps: La Mejora Continua adopta enfoques ágiles y DevOps para facilitar cambios más rápidos y frecuentes en los servicios. La agilidad permite adaptarse a cambios rápidos en los requisitos y prioridades del negocio.

Lean: El enfoque Lean se centra en eliminar el desperdicio y mejorar la eficiencia. La Mejora Continua utiliza principios Lean para identificar y eliminar procesos innecesarios o ineficientes.

Rápida Implementación de Cambios: La Mejora Continua busca implementar cambios de manera continua y rápida, aprovechando prácticas como DevOps para acelerar el ciclo de vida de desarrollo y despliegue.

Aprendizaje y Adaptación Constantes: La práctica de Mejora Continua fomenta un ciclo de aprendizaje constante, donde se implementan mejoras, se evalúan los resultados y se ajustan continuamente los enfoques para alcanzar mejores resultados.

En resumen, Mejora Continua es la práctica que utiliza enfoques como Lean, Agile y DevOps para facilitar cambios rápidos y continuos con el objetivo de mejorar constantemente los servicios y procesos.

5.1.2: En muchos lugares se pueden encontrar

enfoques para la mejora continua. Los métodos lean ofrecen perspectivas sobre la eliminación del desperdicio. Los métodos ágiles se centran en realizar mejoras de forma incremental y con una cadencia. Los métodos DevOps funcionan de manera integral y garantizan que las mejoras no solo se diseñen bien, sino que se apliquen de manera efectiva. Aunque hay varios métodos disponibles, las organizaciones no deberían intentar comprometerse formalmente con demasiados enfoques diferentes. Es una buena idea seleccionar algunos métodos clave que sean apropiados para los tipos de mejora que la organización normalmente maneja y cultivar esos métodos. De esta manera, los equipos tendrán un entendimiento compartido sobre cómo trabajar juntos en mejoras para facilitar una mayor cantidad de cambios a un ritmo más rápido.

Enfoques:

Los enfoques para la mejora continua incluyen, por ejemplo:

Métodos Lean para proporcionar perspectivas sobre la eliminación del desperdicio.

Métodos ágiles para centrarse en realizar mejoras de forma incremental a una cadencia.

Métodos DevOps para trabajar de manera integral y garantizar que las mejoras no solo estén bien diseñadas sino que se apliquen de manera efectiva.

4) B

La respuesta correcta es:

B. Facilitación del cambio

(Change enablement)

Explicación: La Facilitación del Cambio (Change Enablement) es la práctica que tiene como objetivo maximizar el éxito asegurándose de que los riesgos asociados con los cambios hayan sido evaluados correctamente y gestionados de manera eficaz. Esta práctica se centra en la gestión de cambios en servicios, procesos y activos de configuración para garantizar que se realicen de manera controlada y minimizando los impactos negativos.

Evaluación de Riesgos: La Facilitación del Cambio implica la evaluación adecuada de los riesgos asociados con los cambios propuestos. Esto incluye identificar posibles problemas, impactos en el servicio y cualquier otro riesgo que pueda surgir durante la implementación del cambio.

Planificación y Comunicación: Esta práctica también aborda la planificación y la comunicación efectiva para garantizar que todas las partes interesadas estén informadas sobre los cambios, comprendan los riesgos asociados y estén preparadas para cualquier impacto.

Gestión de la Resistencia al Cambio: Además, la Facilitación del Cambio aborda la gestión de la resistencia al cambio, trabajando para minimizar la resistencia y maximizar la aceptación y adopción exitosa de los cambios.

En resumen, la Facilitación del Cambio es esencial para gestionar los riesgos asociados con los cambios y maximizar el éxito de la implementación de cambios en un entorno de servicios.

5.2.4 Habilitación de cambios (Change enablement):

El propósito de la práctica de habilitación de cambios es maximizar la cantidad de cambios exitosos en servicios y productos garantizando que los riesgos se hayan evaluado adecuadamente, autorizando que se realicen los cambios y gestionando el cronograma de cambios.

5) D

La práctica que proporciona a los usuarios una forma de organizar, explicar y coordinar varias solicitudes es:

D. Mesa de servicio (Service desk)

La Mesa de Servicio (Service Desk) es la práctica que proporciona a los usuarios un punto centralizado para organizar, explicar y coordinar diversas solicitudes de servicio. Algunas razones clave para seleccionar "Mesa de servicio" en este contexto incluyen:

Punto de Contacto Único: La Mesa de Servicio sirve como el punto de contacto principal entre los usuarios y el proveedor de servicios. Los usuarios pueden comunicarse con la Mesa de Servicio para informar incidentes, realizar solicitudes o buscar asistencia.

Registro y Coordinación: La Mesa de Servicio registra y gestiona las solicitudes de servicio, lo que permite a los usuarios organizar y explicar claramente sus necesidades. Además, coordina la resolución de incidentes y solicitudes, asegurando una respuesta eficiente.

Comunicación Bidireccional: Facilita la comunicación bidireccional, permitiendo a los usuarios explicar detalladamente sus problemas y requerimientos, y al mismo tiempo, permite a la Mesa de Servicio proporcionar información y actualizaciones sobre el estado de las solicitudes.

Centralización de Información: La Mesa de Servicio centraliza la información relacionada con incidentes y solicitudes, lo que facilita la coordinación y el seguimiento eficientes de múltiples solicitudes.

En resumen, la Mesa de Servicio desempeña un papel esencial al proporcionar a los usuarios una manera organizada y coordinada de gestionar diversas solicitudes de servicio.

5.2.14: Con una mayor automatización y la eliminación gradual de la deuda técnica, el objetivo de la mesa de servicio es brindar soporte a "las personas y las empresas" en lugar de simplemente problemas técnicos. Las mesas de servicio se utilizan cada vez más para organizar, explicar y coordinar diversos asuntos, en lugar de simplemente arreglar la tecnología averiada, y la mesa de servicio se ha convertido en una parte vital de cualquier operación de servicio.

6) A

La opción que ayuda a agilizar el cumplimiento de las solicitudes de servicio es:

A. Comprender qué solicitudes de servicio se pueden realizar con aprobaciones limitadas

(Understanding which service requests can be accomplished with limited approvals)

Comprender qué solicitudes de servicio se pueden realizar con aprobaciones limitadas es una estrategia para agilizar el cumplimiento de las solicitudes. Aquí están las razones clave:

Agilidad en Aprobaciones: Identificar qué solicitudes de servicio pueden ser procesadas con aprobaciones limitadas significa que ciertos tipos de solicitudes no requerirán un proceso de aprobación extenso. Esto acelera significativamente el tiempo de respuesta y la ejecución de esas solicitudes.

Eficiencia en la Toma de Decisiones: La comprensión de las solicitudes que pueden avanzar sin necesidad de aprobaciones exhaustivas permite una toma de decisiones más rápida y eficiente. Esto es particularmente beneficioso en situaciones donde la velocidad es esencial.

Reducción de Tiempos de Espera: Al eliminar o reducir la necesidad de aprobaciones complejas, se reducen los tiempos de espera para los usuarios. Esto contribuye a la satisfacción del cliente al ofrecer respuestas más rápidas a sus solicitudes.

Enfoque en Eficiencia: Al entender cuáles son las solicitudes que pueden ser gestionadas de manera más ágil, se puede enfocar la atención en la eficiencia y la mejora continua de esos procesos específicos.

En resumen, comprender y identificar qué solicitudes de servicio pueden ser realizadas con aprobaciones limitadas permite una respuesta más rápida y eficiente a las necesidades de los usuarios, contribuyendo a la agilidad en el cumplimiento de solicitudes de servicio.

Se deben establecer políticas con respecto a qué solicitudes de servicio se cumplirán con aprobaciones adicionales limitadas o incluso sin aprobaciones adicionales para que se pueda agilizar el cumplimiento.

A. Comprender qué solicitudes de servicio se pueden realizar con aprobaciones limitadas.

Se deben establecer políticas con respecto a qué solicitudes de servicio se cumplirán con aprobaciones adicionales limitadas o incluso sin aprobaciones adicionales para que se pueda agilizar el cumplimiento.

B. Crear nuevos flujos de trabajo para cada solicitud de servicio.

Aproveche los modelos de flujo de trabajo existentes siempre que sea posible para mejorar la eficiencia y la mantenibilidad.

C. Separar las solicitudes relacionadas con fallas en el servicio de la degradación de los servicios.

Las solicitudes de servicio son una parte normal de la prestación del servicio, no una falla o degradación del servicio, que se manejan como incidentes.

D. Eliminar solicitudes de servicios que tengan flujos de trabajo complejos.

Las solicitudes de servicio pueden tener flujos de trabajo simples o flujos de trabajo bastante complejos.

7) B

La afirmación CORRECTA sobre resultados es:

B. Permiten a los consumidores de servicios lograr un resultado deseado.

(They allow service consumers to achieve a desired result)

La afirmación correcta destaca que los resultados permiten a los consumidores de servicios lograr un resultado deseado. Aquí está la explicación:

Enfoque en Lograr Objetivos: Los resultados representan los logros, efectos o cambios que los consumidores de servicios buscan alcanzar mediante el uso de un servicio. Estos resultados están directamente relacionados con los objetivos y metas que los consumidores desean lograr.

Valor para los Consumidores: Los resultados entregan valor a los consumidores al ayudarles a alcanzar sus metas o satisfacer sus necesidades. Esto puede implicar la obtención de un producto o servicio específico, la solución de un problema o la consecución de un beneficio deseado.

Centrado en el Consumidor: La noción de que los resultados permiten a los consumidores lograr un resultado deseado destaca la importancia de mantener un enfoque centrado en el consumidor. Los servicios existen para proporcionar los resultados que los consumidores buscan y valoran.

Relación con la Co-Creación de Valor: La co-creación de valor implica la colaboración entre proveedores de servicios y consumidores para lograr resultados valiosos. Al permitir que los consumidores logren sus resultados deseados, se está contribuyendo a la co-creación de valor.

En resumen, los resultados están intrínsecamente vinculados a la capacidad de los consumidores para lograr sus objetivos y obtener beneficios deseados, lo que enfatiza la importancia de proporcionar valor a través de los servicios.

La afirmación correcta sobre los resultados es B. Permiten a los consumidores de servicios lograr el resultado deseado.

Los resultados son los objetivos finales de un servicio. Son lo que el consumidor del servicio quiere lograr al utilizar el servicio. Los resultados generalmente se expresan en términos de beneficios comerciales, como aumento de ventas, reducción de costos o mejora de la satisfacción del cliente.

Los resultados son los entregables que produce un servicio. Son los productos del servicio, como software, informes o documentos. Los productos no son lo mismo que los resultados. Los resultados son las cosas que produce el servicio, mientras que los resultados son los beneficios que se logran al utilizar el servicio.

8) A

El principio rector que dice que los servicios y procesos NO deben proporcionar una solución para cada excepción es:

A. Manténlo simple y práctico.

(Keep it simple and practical)

Este principio rector destaca la importancia de mantener las soluciones y los procesos simples y prácticos en lugar de intentar abordar cada excepción de manera compleja. Aquí está la explicación:

Simplicidad para la Eficiencia: Busca la simplicidad en los servicios y procesos para garantizar eficiencia. Soluciones simples son más fáciles de entender, implementar y mantener.

Evitar la Complejidad Innecesaria: No se debe buscar una solución única para cada posible excepción. En cambio, se enfoca en abordar los casos comunes de manera eficiente y evitar la introducción de complejidad innecesaria que podría dificultar la gestión y comprensión del sistema.

Practicidad en la Implementación: La practicidad es clave. Se busca soluciones que sean prácticas y que resuelvan problemas de manera efectiva sin agregar capas innecesarias de complejidad.

Mejora Continua Orientada a lo Esencial: Al mantener las cosas simples, se facilita la mejora continua y la adaptación a cambios. Se promueve un enfoque esencial que se centra en lo que es realmente necesario para lograr los resultados deseados.

Este principio aboga por la eficiencia y la practicidad al evitar soluciones excesivamente complicadas y costosas. La simplicidad ayuda a mantener la agilidad y a adaptarse a las necesidades cambiantes de manera más efectiva.

4.3.6 Mantenlo simple y práctico:

Tratar de proporcionar una solución para cada excepción a menudo generará demasiadas complicaciones. Al crear un proceso o servicio, los diseñadores deben pensar en las excepciones, pero no pueden cubrirlas todas. En cambio, se deben diseñar reglas que puedan usarse para manejar excepciones en general.

9) C

La palabra faltante en la oración es:

C. gestionados (Managed)

La práctica de 'gestión de proveedores' tiene como objetivo asegurar que los proveedores de la organización y su desempeño sean gestionados apropiadamente. Aquí está la explicación:

Supervisión y Coordinación: La gestión de proveedores implica supervisar y coordinar las actividades y el rendimiento de los proveedores de la organización. Esto garantiza que cumplan con los estándares y requisitos establecidos.

Asegurar Calidad y Cumplimiento: Al gestionar a los proveedores, la organización puede asegurarse de que los productos y servicios proporcionados cumplen con los estándares de calidad y cumplen con los requisitos acordados.

Optimización de Relaciones: La gestión de proveedores busca optimizar las relaciones con los proveedores, asegurando una comunicación clara, resolución efectiva de problemas y alineación de objetivos.

Minimización de Riesgos: Gestionar adecuadamente a los proveedores también contribuye a la minimización de riesgos, ya que se pueden identificar y abordar proactivamente posibles problemas.

En resumen, la palabra "gestionados" se refiere a la supervisión, coordinación y control adecuados de los proveedores para asegurar una provisión sin problemas de productos y servicios de calidad.

5.1.13 Gestión de proveedores:

El propósito de la práctica de gestión de proveedores es garantizar que los proveedores de la organización y su desempeño se gestionen adecuadamente para respaldar la provisión fluida de productos y servicios de calidad. Esto incluye la creación de relaciones más estrechas y colaborativas con proveedores clave para descubrir y realizar nuevos valores y reducir el riesgo de fracaso.

10) B

Las palabras faltantes en la oración son:

B. configuración de servicios

(configuration of services)

La práctica de gestión de configuración de servicios tiene como propósito asegurar que la información precisa y confiable sobre la configuración de servicios y las Configuraciones de Items (CIs) que las respaldan esté disponible cuando y donde sea necesario. Aquí está la explicación:

Configuración de Servicios: Se refiere a la estructura y composición de los servicios que una organización ofrece. La gestión de configuración de servicios se centra en mantener y gestionar información precisa sobre cómo se configuran y componen estos servicios.

Configuraciones de Items (CIs): Son los componentes individuales y gestionables que conforman la configuración de servicios. Esto puede incluir hardware, software, documentación, personal, etc. La gestión de configuración asegura que la información sobre estas CIs esté disponible y actualizada.

Disponibilidad de Información: La práctica se ocupa de asegurar que la información relevante sobre la configuración de servicios y las CIs esté disponible cuando y donde sea necesario. Esto es esencial para la toma de decisiones informada, la solución de problemas y la gestión eficiente de los servicios.

Soporte a Cambios Autorizados: La gestión de

configuración también contribuye a asegurar que, en el contexto de la autorización de cambios (cambio controlado), la información sobre la configuración de servicios y las CIs se actualice y gestione correctamente.

En resumen, la gestión de configuración de servicios se enfoca en mantener información precisa y actualizada sobre la configuración de servicios y las CIs para garantizar una gestión eficiente y efectiva de los servicios de una organización.

11) C

La respuesta correcta es C.

Gestión de niveles de servicio.

(Service level management)

La gestión de niveles de servicio implica la gestión de las relaciones con los clientes (usuarios) para garantizar que los niveles de servicio acordados se cumplan y para mejorar continuamente la satisfacción del cliente.

Las habilidades y competencias para la gestión del nivel de servicio incluyen gestión de relaciones, enlace comercial, análisis comercial y gestión comercial/de proveedores.

12) C

La respuesta correcta es C.

C. Cuando un problema no puede resolverse rápidamente.

(When a problem cannot be resolved quickly)

Gestión de niveles de servicio. Esta práctica implica la gestión de las relaciones con los clientes (usuarios) para garantizar que los niveles de servicio acordados se cumplan y para mejorar continuamente la satisfacción del cliente.

Cuando un problema no se puede resolver rápidamente, suele ser útil encontrar y documentar una solución alternativa para incidentes futuros, basándose en la comprensión del problema.

https://www.bmc.com/blogs/itil-problem-management/

13) C

C. Cualquier componente que deba gestionarse para entregar un servicio de TI.

(Any component that needs to be managed in

order to deliver an IT service)

Un elemento de configuración (CI) se refiere a cualquier componente que debe gestionarse para entregar un servicio de TI. En el contexto de la gestión de servicios de TI, un CI puede ser cualquier elemento o entidad, ya sea físico o virtual, que tiene relevancia para la entrega de servicios de tecnología de la información.

La explicación de la opción C es que un CI es un componente esencial que forma parte de la infraestructura o entorno de TI y que debe ser gestionado para garantizar la entrega eficiente y efectiva de los servicios de TI. Esto puede incluir hardware, software, documentación, personal y otros elementos que contribuyen al funcionamiento y la calidad de los servicios de TI. La gestión de configuración se centra en mantener información precisa y actualizada sobre estos elementos para garantizar una entrega de servicios eficaz y alineada con los objetivos del negocio.

A. Cualquier componente financieramente valioso que pueda contribuir a la entrega de un producto o servicio de TI = activo de TI.

B. Cualquier cambio de estado que tenga importancia para la gestión de un servicio = evento.

C. Cualquier componente que deba administrarse para brindar un servicio de TI = elemento de configuración.

D. Un problema que ha sido analizado pero no resuelto = error conocido.

14) A

La respuesta correcta es

A. Información existente.

(existing information)

La oración completa sería: "Cuando una organización ha decidido mejorar un servicio, debería comenzar considerando la información existente".

4.3.2: En el proceso de eliminar métodos o servicios antiguos y fallidos y crear algo mejor, puede surgir una gran tentación de eliminar lo que se ha hecho en el pasado y construir algo completamente nuevo. Esto rara vez es necesario o es una decisión acertada. Este enfoque puede ser un gran desperdicio, no sólo en términos de tiempo, sino también en términos de pérdida de servicios, procesos, personas y herramientas existentes que podrían tener un valor significativo en el esfuerzo de mejora. No empiece de nuevo sin antes considerar lo que ya está disponible para aprovechar.

4.3.2.1: Los servicios y métodos que ya existen deben medirse y/u observarse directamente para comprender adecuadamente su estado actual y lo que se puede reutilizar de ellos. Las decisiones sobre cómo proceder deben basarse en información lo más precisa posible.

La mejora comienza, como en LEAN, con la observación de las prácticas actuales. Esto cumple con el principio rector ¡Empiece donde esté!

15) A

La respuesta correcta es:

A. Asignar recursos a cambios.

(Assigning resources to changes)

El calendario de cambios es una herramienta importante en la gestión de cambios. Aquí está la explicación:

Asignar recursos a cambios: El calendario de cambios ayuda a asignar recursos necesarios para la implementación de cambios planificados.

Esto incluye recursos humanos, tecnológicos y cualquier otro recurso necesario para llevar a cabo el cambio de manera efectiva.

Programación eficiente: Permite una programación eficiente al visualizar las fechas y horarios disponibles para la implementación de cambios. Esto asegura que los recursos necesarios estén disponibles y se minimiza el impacto en las operaciones normales del negocio.

Coordinación: Facilita la coordinación entre equipos y partes interesadas al proporcionar un marco temporal claro para la implementación de cambios. Esto es esencial para garantizar una transición suave y evitar conflictos de recursos.

Planificación y autorización: Ayuda en la planificación de cambios al mostrar cuándo los cambios están programados para su implementación. También puede ser utilizado como una herramienta para la autorización de cambios, ya que proporciona una visión general de cuándo y cómo se llevarán a cabo.

En resumen, el calendario de cambios es utilizado para asignar recursos, programar eficientemente, coordinar actividades y planificar la implementación de cambios en un entorno de servicios de TI.

5.2.4 Control de cambios - Página 161:

El cronograma de cambios se utiliza para ayudar a planificar cambios, ayudar en la comunicación, evitar conflictos y asignar recursos.

16) D

La respuesta correcta es:

D. Flujos de valor y procesos.

(Value streams and processes)

Sobre flujos y procesos de valor: Al igual que ocurre con las otras dimensiones de la gestión de servicios, la dimensión de flujos y procesos de valor es aplicable a la SVS en general, así como a productos y servicios específicos. En ambos contextos, define las actividades, flujos de trabajo, controles y procedimientos necesarios para lograr los objetivos acordados.

3.4: La cuarta dimensión de la gestión de servicios son los flujos y procesos de valor. Define las actividades, flujos de trabajo, controles y procedimientos necesarios para lograr los objetivos acordados. (ITIL v4 PÁGINA 253)

La dimensión de "Flujos de valor y procesos" en la gestión de servicios se centra en la consideración de cómo los servicios se entregan a través de flujos de trabajo y procesos. Aquí está la explicación:

Flujos de valor: Se refiere a la secuencia de actividades que crean un resultado valioso para el cliente. En la gestión de servicios, se busca entender y mejorar estos flujos para garantizar la entrega eficiente y efectiva de servicios.

Procesos: Se refiere a las secuencias de actividades estructuradas diseñadas para producir un resultado específico. En el contexto de la gestión de servicios, los procesos son esenciales para ejecutar y respaldar la entrega de servicios de manera coherente y controlada.

Esta dimensión considera cómo se diseñan, ejecutan y mejoran los flujos de trabajo y procesos para garantizar que los servicios se entreguen de manera eficaz, manteniendo un enfoque en la creación de valor para los clientes y las partes interesadas.

En resumen, al considerar los flujos de valor y procesos, se busca optimizar la eficiencia y la efectividad en la entrega de servicios, asegurando que cada paso contribuya al valor general proporcionado al cliente.

17) D

La respuesta correcta es:

D. Optimiza y automatiza.

(Optimize and automate)

Este principio rector, "Optimiza y automatiza", se refiere a la consideración de cómo se pueden realizar los pasos de un proceso de la manera más eficiente posible. Aquí está la explicación:

Optimiza: Implica la búsqueda continua de la eficiencia y mejora en los procesos. Se trata de revisar y ajustar constantemente los procedimientos para eliminar redundancias, reducir el desperdicio y mejorar la efectividad global.

Automatiza: Sugiere la implementación de herramientas y tecnologías para realizar tareas de manera automatizada. La automatización ayuda a reducir la intervención humana en tareas repetitivas, acelerando procesos y minimizando errores.

En resumen, este principio aboga por la eficiencia y la mejora continua al optimizar los procesos existentes y al considerar la automatización donde sea posible. Al hacerlo, se busca maximizar la eficiencia y liberar recursos para actividades más estratégicas y de mayor valor.

4.3.7 - página 77:

Optimización significa hacer que algo sea tan efectivo y útil como debe ser.

18) D

La afirmación correcta sobre la práctica de 'gestión de incidentes' es:

D. Resuelve primero los incidentes de mayor impacto.

(It resolves the highest impact incidents first)

La gestión de incidentes tiene como objetivo principal restaurar los servicios afectados por incidentes lo más rápido posible para minimizar el impacto en el negocio. Aquí está la explicación:

Resuelve primero los incidentes de mayor impacto: La práctica de gestión de incidentes prioriza la resolución de aquellos incidentes que tienen el mayor impacto en el negocio o los servicios. Esto garantiza que los recursos se utilicen de manera eficiente para abordar las situaciones más críticas primero.

Restauración rápida: La priorización de incidentes de mayor impacto contribuye a una restauración más rápida de los servicios esenciales, lo que ayuda a minimizar el tiempo de inactividad y sus consecuencias negativas para el negocio.

Enfoque proactivo: Resolver primero los incidentes de mayor impacto es una estrategia proactiva que se alinea con el objetivo de mantener la continuidad del servicio y la satisfacción del usuario.

En resumen, la gestión de incidentes se centra en la resolución eficiente y rápida de incidentes, dando prioridad a aquellos que tienen un impacto significativo en el negocio. Esto contribuye a la reducción del impacto global en los servicios y a la mejora continua de la calidad del servicio.

19) C

La forma adecuada de priorizar incidentes en una organización es:

C. Utilizar una clasificación acordada basada en el impacto comercial del incidente.

(Use an agreed classification which is based on the business impact of the incident)

La priorización de incidentes es crucial para asignar recursos de manera eficiente y abordar las situaciones más críticas primero. Aquí está la explicación:

Clasificación acordada: La organización debe contar con una clasificación acordada que refleje el impacto comercial de los incidentes. Esto implica establecer criterios claros que evalúen la gravedad del impacto en las operaciones y servicios de la organización.

Impacto comercial: La clasificación basada en el impacto comercial ayuda a identificar y priorizar los incidentes que tienen el mayor impacto negativo en la operación normal del negocio. Esto puede incluir la interrupción de servicios críticos, la pérdida de ingresos o cualquier efecto significativo en la productividad.

Enfoque en la gravedad: Al utilizar una clasificación basada en el impacto comercial, la organización puede centrarse en resolver primero aquellos incidentes que tienen el potencial de causar daños mayores o afectar de manera significativa a la organización.

En resumen, la priorización basada en una clasificación acordada y en el impacto comercial ayuda a garantizar que los recursos se dirijan a los incidentes más críticos y se aborden de manera eficiente para minimizar el impacto en el negocio.

5.2.5 Gestión de incidentes:

Los incidentes se priorizan según una clasificación acordada para garantizar que los incidentes con mayor impacto empresarial se resuelvan primero.

20) D

La respuesta correcta es:

D. Identificar, analizar, monitorear y mejorar

continuamente los vínculos con las partes interesadas.

(To identify, analyze, monitor, and continually improve links with stakeholders)

La práctica de 'gestión de relaciones' se centra en la gestión efectiva de las relaciones con las partes interesadas. Aquí está la explicación:

Identificar: Implica reconocer y comprender quiénes son las partes interesadas relevantes para la organización y sus servicios.

Analizar: Se refiere a la evaluación de las necesidades, expectativas y requisitos de las partes interesadas. Comprender sus perspectivas es esencial para una gestión de relaciones efectiva.

Monitorear: Involucra el seguimiento constante de las interacciones y relaciones con las partes interesadas para garantizar que las expectativas se cumplan y se aborden adecuadamente.

Mejorar continuamente: Se busca la mejora constante de las relaciones, identificando oportunidades para fortalecer la colaboración, abordar preocupaciones y garantizar una comunicación efectiva.

En resumen, la gestión de relaciones se orienta hacia la construcción y el mantenimiento de relaciones sólidas con todas las partes interesadas, con el objetivo de garantizar una colaboración efectiva y satisfacer las expectativas de todas las partes involucradas.

A. Observar sistemáticamente los servicios y componentes del servicio --> Monitoreo y Gestión de Eventos.

B. Proteger la información que necesita la organización para llevar a cabo su negocio --> Gestión de Seguridad de la Información.

C. Ser el punto de entrada y punto único de contacto del proveedor de servicios con todos sus usuarios --> Service Desk.

D. Identificar, analizar, monitorear y mejorar continuamente los vínculos con los stakeholders --> Gestión de Relaciones.

21) D

D. La priorización de problemas implica evaluación de riesgos.

(Problem prioritization involves risk assessment)

5.2.8 / p.131

Los problemas se priorizan para el análisis en función del riesgo que plantean y se gestionan como riesgos en función de su impacto potencial y probabilidad. No es imprescindible analizar todos los problemas; Es más valioso lograr avances significativos en los problemas de mayor prioridad que investigar cada problema menor del que la organización tiene conocimiento.

Respuesta – D. La priorización de problemas implica la evaluación de riesgos.

Los problemas se priorizan para el análisis en función del riesgo que plantean y se gestionan como riesgos en función de su impacto potencial y probabilidad.

A. Los problemas están relacionados con incidentes, pero conviene distinguirlos porque se gestionan de diferentes maneras.

B. Los incidentes tienen un impacto en los usuarios o los procesos comerciales y deben resolverse para que pueda llevarse a cabo la actividad comercial normal.

C. Es importante analizar los problemas desde la perspectiva de las cuatro dimensiones de la gestión de servicios.

22) C

C. Fallo del hardware del servidor.

(Failure of server hardware)

2.5.3 / pág.18

Al igual que con los costos, existen dos tipos de riesgos que preocupan a los consumidores de servicios:

- riesgos que el servicio elimina del consumidor (parte de la propuesta de valor). Estos pueden incluir fallas en el hardware del servidor del consumidor o falta de disponibilidad del personal. En algunos casos, un servicio puede solo reducir los riesgos del consumidor, pero el consumidor puede determinar que esta reducción es suficiente para respaldar la propuesta de valor.

- riesgos impuestos al consumidor por el servicio (riesgos del consumo del servicio). Un ejemplo de esto sería que un proveedor de servicios dejara de operar o sufriera una violación de seguridad.

C es correcto ya que en el Libro ITIL 4, capítulo 2.5.3 Riesgos, se establece que los riesgos eliminados del consumidor por el servicio pueden incluir fallas en el hardware del servidor o falta de disponibilidad del personal.

23) C

C. Satisfacer las expectativas de las partes interesadas.

(Meeting stakeholder expectations)

El propósito de la actividad de diseño y transición de la cadena de valor es garantizar que los productos y servicios cumplan continuamente con las expectativas de las partes interesadas en cuanto a calidad, costos y tiempo de comercialización.

A. Comprender la visión de la organización.

Plan.

B. Comprender las necesidades de las partes interesadas

Comprometer.

C. Cumplir con las expectativas de las partes interesadas.

Diseño y Transición.

D. Garantizar que los componentes del servicio estén disponibles.

obtener/construir.

Consulte el Libro de ITIL 4.5.4.

24) B

La gestión de solicitudes de servicio debería manejar:

B. Una solicitud para proporcionar una computadora portátil.

En inglés: "A request to provide a laptop."

La gestión de solicitudes de servicio se ocupa de las solicitudes de los usuarios para obtener servicios o productos específicos, como proporcionar hardware como una computadora portátil, en lugar de problemas o errores en los servicios existentes.

A. Una solicitud para implementar un parche de seguridad.

Gestión del cambio.

B. Una solicitud para proporcionar una computadora portátil.

Petición de servicio.

C. Una solicitud para resolver un error en un servicio.

Gestión de problemas.

D. Una solicitud para cambiar un objetivo en un acuerdo de nivel de servicio.

Gestión de relaciones.

La gestión de solicitudes de servicios suele confundirse con la gestión de incidentes ITIL. La distinción entre los dos está en cómo se inician:

La gestión de solicitudes de servicios responde a solicitudes de servicios específicos, como restablecer una contraseña, configurar una nueva computadora portátil de la empresa o mover equipos de una ubicación a otra.

25) B

La opción correcta es:

B. Cadena de valor del servicio.

En inglés: "Service value chain."

La cadena de valor del servicio se puede describir como un modelo operativo para la creación y gestión de productos y servicios. Esta cadena abarca las actividades desde la concepción hasta la entrega y soporte de un servicio, proporcionando un marco integral para la creación de valor. Las otras opciones (Gobernanza, Principios rectores, y Prácticas) son importantes en el contexto de la gestión de servicios, pero la cadena de valor del servicio está más directamente relacionada con la creación y entrega de valor a los usuarios finales.

El elemento central de la SVS es la cadena de valor del servicio, un modelo operativo que describe las actividades clave necesarias para responder a la demanda y facilitar la realización de valor a través de la creación y gestión de productos y servicios.

26) C

La acción que realiza un proveedor de servicios es:

C. Garantizar el acceso a recursos acordados.

En inglés: "Ensuring access to agreed resources."

Un proveedor de servicios se encarga de asegurar que los recursos acordados estén disponibles y accesibles para cumplir con los acuerdos de servicio y satisfacer las necesidades de los clientes.

2.4.1: La prestación de servicios incluye garantizar el acceso a los recursos para los usuarios.

C. Correcto. porque SP proporciona el acceso a los recursos.

Un error. La solicitud de servicio es una solicitud de un usuario o del representante autorizado de un usuario.

B. Incorrecto. éste es el papel de patrocinador de los

consumidores.

D. Incorrecto. el consumidor recibe los bienes.

27) B

Las evaluaciones de línea de base se incluyen en:

B. ¿Dónde estamos ahora?

En inglés: "Where are we now?"

Este paso implica evaluar la situación actual de la organización, lo cual incluiría la realización de evaluaciones de línea de base para comprender el estado actual de los procesos, servicios y cualquier otro aspecto relevante que esté siendo considerado para la mejora continua.

¿Dónde estamos ahora?

4.6.1.2 "Si se omite este paso, no se comprenderá el estado actual y no habrá una medición de referencia objetiva. Por lo tanto, será difícil rastrear y medir la efectividad de las actividades de mejora, ya que el nuevo estado no se puede comparar. con un estado anterior en un momento posterior."

A. ¿Llegamos allí?

Evaluar medidas y métricas.

B. ¿Dónde estamos ahora?

Realizar evaluaciones de referencia.

C. ¿Cuál es la visión?

Visión de negocio, estrategia, metas y objetivos.

D. ¿Dónde queremos estar?

Definir objetivos mensurables.

28) B

La opción que describe una 'autoridad de cambio' es:

B. Una persona que aprueba un cambio.

En inglés: "A person who approves a change."

La autoridad de cambio es la persona o entidad responsable de aprobar o rechazar un cambio propuesto dentro del proceso de gestión del cambio. Esta persona asegura que los cambios sean evaluados y aprobados de manera adecuada antes de implementarlos en el entorno operativo.

29) B

La opción que NO es un componente del sistema de valor de servicio es:

B. Oportunidad y demanda.

En inglés: "Opportunity and demand."

La cadena de valor del servicio (Service value chain), Mejora continua (Continual improvement), y Gobernanza (Governance) son componentes del sistema de valor de servicio en el marco de ITIL (IT Infrastructure Library). La "oportunidad y demanda" no es un componente específico dentro de este sistema.

Genial - Principios rectores

Abuela - Gobernanza

Vende - SVC

P - Prácticas

C - Mejora continua

30) C

La afirmación CORRECTA acerca de la gestión de relaciones de servicio es:

C. Requiere la cooperación tanto del proveedor de servicios como del consumidor de servicios.

En inglés: "It requires cooperation of both the service provider and service consumer."

La gestión de relaciones de servicio implica la colaboración y cooperación entre el proveedor de servicios y el consumidor de servicios para garantizar una relación efectiva y beneficiosa en la entrega y consumo de servicios.

31) B

La opción correcta es:

B. Garantizar que los incidentes con el mayor impacto se resuelvan primero.

(To ensure that incidents with the highest impact are resolved first)

La priorización de incidentes se realiza para abordar primero aquellos que tienen el mayor impacto en la operación y en los usuarios, lo que contribuye a minimizar la interrupción y restaurar la normalidad de los servicios de manera eficiente.

32) B

La actividad de 'gestión de nivel de servicio' que ayuda al personal a ofrecer un servicio más enfocado en el negocio es:

B. Comprender los requisitos continuos de los clientes.

(Understanding the ongoing requirements of customers)

La comprensión de los requisitos continuos de los clientes permite al personal de gestión de nivel de servicio adaptar y ajustar los servicios para satisfacer de manera efectiva las necesidades cambiantes del negocio y los usuarios.

Las actividades de participación y escucha brindan una gran oportunidad para construir mejores relaciones y concentrarse en lo que realmente se necesita entregar. También brinda al personal de prestación de servicios una comprensión basada en la experiencia del trabajo diario que se realiza con su tecnología, lo que les permite brindar un servicio más centrado en el negocio.

33) A

La práctica que tiene como propósito el manejo de demandas predefinidas iniciadas por el usuario es:

A. Gestión de solicitudes de servicio.

(Service request management)

La gestión de solicitudes de servicio se centra en el manejo y la resolución eficiente de las solicitudes predefinidas iniciadas por los usuarios, como solicitudes de servicios estándar, información o asistencia.

práctica de gestión de solicitudes de servicio:

La práctica de respaldar la calidad acordada de un servicio manejando todas las solicitudes de servicio predefinidas iniciadas por el usuario de una manera efectiva y fácil de usar.

34) D

La opción correcta es:

D. Mantenerlo simple y práctico.

(Keep it simple and practical)

Este principio sugiere que, al identificar qué partes de un proceso existente deben mantenerse, se debe optar por mantener las cosas simples y prácticas, evitando la complejidad innecesaria y asegurándose de que las contribuciones al valor sean claras y efectivas.

Al analizar una práctica, proceso, servicio, métrica u otros objetivos de mejora, pregunte siempre si contribuye a la creación de valor. Si no se crea valor, elimine los pasos innecesarios para simplificar el proceso.

4.3.6: Mantenlo simple y práctico

4.3.6.1: Juzgar qué conservar

Al analizar una práctica, proceso, servicio, métrica u otro objetivo de mejora, pregunte siempre si contribuye a la creación de valor.

35) D

El propósito de la práctica de 'monitoreo y gestión de eventos' es:

D. Observar sistemáticamente servicios y componentes de servicio.

(To systematically observe services and service components)

La práctica de monitoreo y gestión de eventos implica observar de manera continua y sistemática los servicios y componentes de servicio para detectar eventos, entender su significado y, en última instancia, tomar medidas proactivas para mantener o mejorar la calidad y el rendimiento del servicio.

A. Restablecer el funcionamiento normal del servicio lo más rápido posible = Gestión de Incidencias.

B. Para gestionar soluciones alternativas y errores conocidos = Gestión de problemas.

C. Captar la demanda de resolución de incidentes y solicitudes de servicio = Service Desk.

D. Observar sistemáticamente los servicios y los componentes del servicio = Monitoreo y gestión de eventos.

5.2.7: El propósito de la práctica de monitoreo y gestión de eventos es observar sistemáticamente los servicios y componentes del servicio, y registrar e informar cambios seleccionados de estado identificados como eventos.

36) A

La afirmación CORRECTA acerca de los resultados es:

A. Los resultados dependen de los resultados para entregar resultados a un interesado.

(Outcomes rely on outputs to deliver results for a stakeholder)

Los resultados (outcomes) dependen de los resultados intermedios (outputs) para entregar un valor o beneficio final a los interesados. Los outputs son las salidas tangibles o intangibles de actividades específicas que contribuyen a la consecución de los resultados deseados.

37) A

La habilidad que también se puede considerar importante para la práctica de 'gestión de nivel de servicio' es:

A. Gestión de proveedores.

(Supplier management)

La gestión de nivel de servicio a menudo implica coordinar y colaborar con diferentes proveedores de servicios, tanto internos como externos. La habilidad de gestionar proveedores es relevante para asegurar que los proveedores externos cumplan con los acuerdos de nivel de servicio (SLA) y contribuyan al logro de los objetivos del servicio.

5.2.15: Las habilidades y competencias para la gestión del nivel de servicio incluyen gestión de relaciones, enlace comercial, análisis de negocios y gestión comercial/de proveedores. La práctica requiere un enfoque pragmático en todo el servicio y no simplemente en sus partes constituyentes; por ejemplo, no se deben tomar métricas individuales simples (como el porcentaje de disponibilidad del sistema) para representar el servicio completo.

38) B

La afirmación CORRECTA acerca del 'modelo de mejora continua' es:

B. El flujo del modelo ayuda a las organizaciones a vincular las mejoras a sus metas.

(The flow of the model helps organizations to link improvements to its goals)

El modelo de mejora continua, como se describe en ITIL y otros marcos de trabajo, está diseñado para proporcionar un enfoque estructurado para identificar, planificar y ejecutar mejoras en los servicios y procesos. El flujo del modelo ayuda a las organizaciones a alinear las mejoras con sus objetivos estratégicos y metas, asegurando que las mejoras contribuyan al valor general del servicio.

4.6: Es importante recordar que el alcance y los detalles de cada paso del modelo variarán significativamente según el tema y el tipo de mejora. Debe reconocerse que este modelo puede servir como un flujo de trabajo, pero también puede usarse simplemente como un recordatorio de alto nivel de un proceso de pensamiento sólido para garantizar que las mejoras se gestionen adecuadamente. *El flujo busca asegurar que las mejoras estén vinculadas a los objetivos de la organización* y estén adecuadamente priorizadas, y que las acciones de mejora produzcan resultados sostenibles.

39) D

D. Un medio para determinar si un servicio es apto para su uso.

(A means of determining whether a service is fit for use)

Garantía:

Garantía de que un producto o servicio cumplirá los requisitos acordados. La garantía se puede resumir como "cómo se desempeña el servicio" y se puede utilizar para determinar si un servicio es "apto para su uso".

A. Un medio para identificar eventos que podrían causar daño o pérdida = Riesgo.

B. Un medio para determinar si un servicio es adecuado para su propósito = Utilidad.

C. Un medio para identificar un resultado para una parte interesada = Resultado.

D. Un medio para determinar si un servicio es apto para su uso = Garantía.

40) C

La práctica que tiene como propósito la gestión de riesgos relacionados con la confidencialidad, integridad y disponibilidad es:

C. Gestión de seguridad de la información.

(Information security management)

La gestión de seguridad de la información se centra en proteger la confidencialidad, integridad y disponibilidad de la información y de los servicios asociados. Esta práctica aborda la gestión proactiva de riesgos de seguridad para garantizar un entorno seguro y protegido.

El examen de fin de práctica IV

Si tiene alguna pregunta, puede comunicarse conmigo en Linkedin: <u>Georgio Daccache</u>

Buena suerte!

www.ingramcontent.com/pod-product-compliance
Lightning Source LLC
Chambersburg PA
CBHW060826220526
45466CB00003B/994